그림으로 배우는
데이터
사이언스
Data Science

저 마스이 토시카츠 · 역 김성훈

SE
SHOEISHA

YoungJin.com Y.
영진닷컴

그림으로 배우는
데이터 사이언스

図解まるわかり データサイエンスのしくみ
(Zukai Maruwakari Data Science no Shikumi: 7580-5)
© 2022 Toshikatsu Masui
Original Japanese edition published by SHOEISHA Co.,Ltd.
Korean translation rights arranged with SHOEISHA Co.,Ltd.
in care of JAPAN UNI AGENCY, INC. through Korea Copyright Center Inc.
Korean translation copyright © 2024 by Youngjin.com, Inc.

ISBN 978-89-314-7700-9

독자님의 의견을 받습니다

이 책을 구입한 독자님은 영진닷컴의 가장 중요한 비평가이자 조언가입니다. 저희 책의 장점과 문제점이 무엇인지, 어떤 책이 출판되기를 바라는지, 책을 더욱 알차게 꾸밀 수 있는 아이디어가 있으면 이메일, 또 는 우편으로 연락주시기 바랍니다. 의견을 주실 때에는 책 제목 및 독자님의 성함과 연락처(전화번호나 이메일)를 꼭 남겨 주시기 바랍니다. 독자님의 의견에 대해 바로 답변을 드리고, 또 독자님의 의견을 다음 책에 충분히 반영하도록 늘 노력하겠습니다.

주 소 (우)08507 서울특별시 금천구 가산디지털1로 128 STX-V 타워 4층 401호
등 록 2007. 4. 27. 제16-4189호
이메일 support@youngjin.com

저자 마스이 토시카츠 | **번역** 김성훈 | **총괄** 김태경 | **진행** 최윤정
표지 디자인 김효정 | **내지 디자인 · 편집** 이경숙 | **영업** 박준용, 임용수, 김도현, 이윤철
마케팅 이승희, 김근주, 조민영, 김민지, 김진희, 이현아 | **제작** 황장협 | **인쇄** 제이엠

머리말

'데이터 과학자'라는 단어가 사용되기 시작한 지 10년이 넘어가면서 이제는 '데이터 과학'이라는 단어도 자주 들을 수 있게 되었습니다. AI와 IoT가 주목을 받게 되면서 데이터 분석 업무에 IT 엔지니어가 많이 참여하게 되었고, 다른 사람이 분석한 결과를 받아서 이를 시스템화하는 사례도 증가했습니다. 마치 당연한 것처럼 비즈니스 안에서 데이터를 사용하는 세상이 다가온지도 모르겠습니다.

데이터를 분석할 때 분석에 대한 이해가 깊어질수록 점점 더 고급 분석 기법을 사용하고 싶어집니다. 하지만 아무리 분석을 잘해도 분석 결과를 받는 사람이 이해하지 못한다면 의미가 없겠지요. 분석하는 사람은 분석 기법을 이해하고 있으므로 새로운 분석 기법을 찾아보면서 더 자세히 알게 될지도 모르지만, 분석 결과를 듣게 될 사람들은 분석에 대해서 잘 모릅니다.

따라서 비슷한 결론을 얻을 수 있는 경우에 더 간단한 방법이 있다면 그 방법을 사용하는 것이 좋습니다. 고급 통계 기법이나 머신러닝을 사용하지 않고 간단한 그래프로 보여주기만 해도 충분할 수 있습니다. 또한, 수치 데이터로 정확하게 분석할 필요 없이 대략적인 도표로 설명하는 것만으로 충분할 때도 있습니다.

이때 설명을 듣는 쪽이라고 해서 아무것도 배우지 않아도 된다는 것은 아닙니다. 자신이 간단한 분석 기법밖에 모르니 간단한 분석 기법을 사용하라고 요구해선 안 됩니다. 분석자도 공부해야 하지만, 결과를 받아 보는 사람도 어느 정도 공부할 필요가 있습니다.

이 책에서는 다양한 분석 기법을 그림으로 정리하면서 개요를 소개합니다. 어디까지나 개요에 불과하므로 각 분석 기법을 자세히 이해하기 위해서는 전문 서적을 읽어야 할 수도 있습니다. 하지만 어떤 분석 기법이 있는지 알고, 그 특징을 파악하는 목적으로는 충분합니다. 데이터 분석 기법과 데이터를 다룰 때 주의할 점을 이해하고, 가지고 있는 데이터를 활용해 보세요.

마스이 토시카츠

역자의 말

데이터가 넘쳐나는 시대입니다. 인터넷의 보급과 센서 기술의 발전으로 매일매일 엄청난 양의 데이터가 생성되고 있으며, 이는 정보화 사회의 변화를 촉진하고 있습니다. 데이터 과학은 이 방대한 데이터 속에서 유의미한 정보를 추출하고 분석하여, 다양한 산업 분야에서 문제 해결과 새로운 기회 발견에 기여합니다.

이제 데이터 과학은 특정 전문가들만의 영역이 아니라, 모든 사람들이 이해하고 활용해야 하는 지식이라고 할 수 있습니다. 하지만, 저자의 말처럼 아무리 분석을 잘해도 분석 결과를 받아보는 사람이 이해하지 못한다면 의미가 없습니다.

이 책은 그런 데이터를 어떻게 분석하고 활용하는지 보여줍니다. 데이터 과학의 기초부터 시작하여, 복잡한 개념들을 쉽고 재미있는 예시와 그림을 통해 설명함으로써, 데이터 과학 전반에 대해 이해할 수 있도록 도와줍니다. 최신 기술인 인공지능과 머신러닝을 포함해 개인정보 취급에 이르기까지 데이터 과학의 광범위한 영역을 한 권에 담으려는 노력이 돋보였습니다.

데이터 과학은 단순히 데이터를 처리하고 분석하는 기술을 넘어서, 데이터에서 새로운 가치를 발견하고 통찰력을 제공하는 학문입니다. 이 책은 다양한 분석 기법을 정리하면서 데이터 과학의 기초를 쌓고 데이터에서 새로운 가치를 발견할 수 있는 역량을 기르는 데 있어 독자들에게 좋은 길잡이가 될 것입니다.

이렇게 책을 또 한 권 마무리하고 나니 계절이 바뀌고 있습니다. 시간이 정말 빠르게 흘러가네요. 마지막으로 번역을 맡겨 주신 영진닷컴과 번역 원고를 꼼꼼히 확인하시고 멋진 책으로 만들어 내느라 오랜 시간 고생하신 편집자님께 깊이 감사드립니다.

옮긴이 김성훈

Ch 1 데이터 과학을 지탱하는 기술

Ch 2 데이터의 기본

데이터 표현 방법과 읽는 법   59

Ch 4 알아두고 싶은 통계학 지식
데이터로 답을 추측한다   133

Ch 5 알아두면 좋은 AI 지식

Ch 6 보안과 개인정보 보호의 문제점

데이터 과학을 지탱하는 기술

수요가 높아지는 미래 필수 과목

Data Science

» 21세기의 자원

데이터와 정보의 차이점 //

우리 생활 속에는 '예측'이나 '추정'이 필요한 장면이 많이 있습니다(그림 1-1). 이때 경험이나 감에 의존하는 방법도 있지만, 과거 데이터를 찾아보거나 설문조사, 인터넷 등을 통해서 필요한 정보를 수집하기도 합니다. **정확한 데이터가 많이 쌓이면 예측이나 추정의 정확도가 향상**되므로 데이터는 '21세기의 자원'이라고도 할 수 있습니다.

여기서 **데이터**와 **정보**의 차이점에 관해 알아봅시다. 흔히 '데이터=발생한 상태' '정보=사람이 사용할 수 있는 상태'라고 말합니다. 그렇게 생각하면, 사람이 사용할 수 있는 상태로 되어 있지 않은 것이 데이터입니다. 직관적인 이미지로서 데이터는 '숫자의 나열'이고, '일정한 형식에 따라 모은 것'입니다. 다시 말해, 데이터는 컴퓨터가 다루기 쉬운 형태이고, 정보는 '사람이 사용하기 쉬운 형태로 정리한 것' '상대방에게 다음 행동을 일으키려고 사용하는 것'이라고 할 수 있겠지요(그림 1-2).

데이터를 정보로 바꾼다 //

예를 들어 '현재 기온이 18도'라는 말을 들었을 때 어떤 느낌이 드나요? 이 '18도'는 데이터라고 생각할 수 있습니다. 여름이라면 '시원하다'라고 느낄 것이고, 겨울이라면 '따뜻하다'라고 느낄 것입니다. 이처럼 같은 데이터라도 주변 상황에 따라 정보는 달라집니다.

편의점 점장의 경우, 다음 날 일기예보를 보고 '아이스크림 재고를 늘려야겠다'라고 생각할 수도 있고, '어묵 재고를 줄여야겠다'라고 생각할 수도 있습니다. 학부모라면 등교할 자녀의 옷차림을 결정하는 근거로 사용할 수도 있습니다.

이때 필요한 것이 기온이라는 '데이터'이고, TV 등에서 아나운서의 말로 전달되는 '정보'라고 할 수 있습니다. 정확한 데이터가 있으면 전달되는 내용의 신뢰도도 달라집니다.

그림1-1 예측이나 추정이 필요한 경우

그림1-2 데이터와 정보의 차이

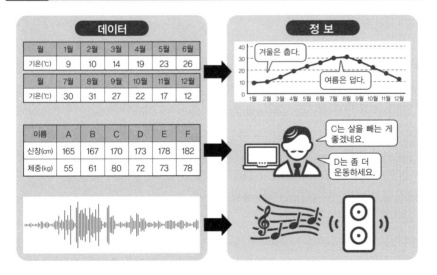

Point

✔ 정확한 데이터가 많이 모이면, 예측이나 추정의 정확도가 높아질 것으로 기대된다.

✔ 사람에게 행동을 일으키기 위해서는 컴퓨터가 다루기 쉬운 데이터를 사람이 이용하기 쉬운 정보로 변환할 필요가 있다.

≫ 데이터가 증가하는 이유

정보화 사회에서 정보 사회로 〰〰〰〰〰〰〰〰〰〰〰〰〰〰〰〰〰〰〰

석탄에 의한 경공업 기계화 등을 1차 산업혁명, 석유에 의한 중공업 기계화 등을 2차 산업혁명, 이어서 컴퓨터에 의한 기계 자동화 등을 3차 산업혁명이라고 부르는 경우가 있습니다. 컴퓨터의 도입으로 정보의 중요성이 높아진 사회를 **정보화 사회**라고 하는데, 이는 1970년경부터 시작된 것으로 알려졌습니다.

이런 흐름은 바뀌지 않아, 최근에는 AI(인공지능)와 **IoT**(사물 인터넷)를 이용하는 고도의 자동화를 가리켜 4차 산업혁명이나 인더스트리 4.0이라고 부릅니다(그림 1-3). 그리고 이런 사회를 **정보 사회**라고 합니다. 정보 사회란 데이터를 정보로 바꾸는 '정보화'가 아니라, 이미 정보 관련 기술이 존재하고 정보를 자유롭게 사용할 수 있는 상태를 나타냅니다.

IoT와 센서로 실현하는 편리한 사회 〰〰〰〰〰〰〰〰〰〰〰〰〰〰〰〰

IoT는 '사물 인터넷'으로 풀이됩니다. 이미 컴퓨터나 스마트폰뿐만 아니라 TV, 에어컨, 냉장고 등 모든 기기를 인터넷에 연결해 편리하게 사용할 수 있는 시대가 도래했습니다(그림 1-4).

외출했다가 집에 돌아오기 직전에 에어컨을 켜두면, 집에 도착했을 때 쾌적한 온도로 조절할 수 있습니다. 마트에서 장을 보는 동안 스마트폰으로 집에 있는 냉장고의 내용물을 확인할 수 있다면, 장을 보다가 사야 할 물건을 빠트리는 일을 방지할 수 있습니다.

그리고 IoT 기기에 **센서**가 장착되어 있으면 더욱 편리하게 사용할 수 있습니다. 방의 밝기를 체크해서 어두워지면 커튼을 닫고, 사람이 움직이면 조명을 켜고, 추워지면 난방을 켜는 등의 제어가 가능합니다.

이처럼 정보를 사람이 다루는 것뿐만 아니라 기기 간의 연계에 사용하는 것도 정보 사회에서는 중요한 역할을 합니다.

그림1-3   산업 혁명의 변천

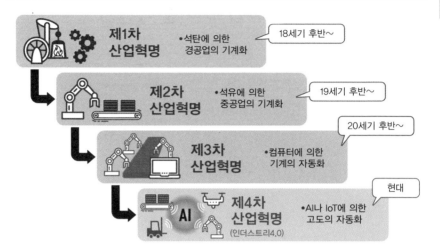

그림1-4   IoT로 가능해진 일들

Point

✔ AI와 IoT에 의한 고도의 자동화를 가리켜 4차 산업혁명이라고 한다.

✔ IoT를 통해 모든 기기가 인터넷에 연결됨으로써 우리 생활이 더욱 편리해진다.

>> 다양한 지식을 조합해서 분석한다

데이터 과학에 필요한 지식이란? \\

단순히 분석 기법만 알고 있다고 해서 데이터를 분석할 수 있는 것은 아닙니다. 수학적 분석 기법을 알고 있어도 프로그래밍 지식이 없으면 실제 데이터를 프로그램으로 처리할 수 없기 때문입니다.

또한, 프로그래밍에 능숙하더라도 그 데이터에 어떤 의미가 있는지 비즈니스 측면에서 데이터와 관련된 지식이 없으면 어디서부터 손을 대야 할지 알 수 없습니다.

이처럼 수학이나 통계와 같은 과학 분야 지식, 프로그래밍이나 서버 구축과 같은 엔지니어링 분야 지식, 경제나 경영과 같은 비즈니스 분야 등 **다양한 지식을 조합해서 데이터를 분석하는 것**을 데이터 과학이라고 합니다(그림 1-5).

데이터에서 사람이 알아차리지 못하는 통찰을 얻는다 \\\

데이터를 분석할 때 우리가 바라는 것은 '새로운 통찰'입니다. 사람이 생각해도 깨닫지 못하는 것을 데이터에서 발견할 수 있다면 도움이 될 것입니다. 이를 땅속에서 광물을 채굴하는 것(마이닝)에 빗대어 **데이터 마이닝**이라고 합니다(그림 1-6).

데이터 마이닝이 유명해진 계기로 '기저귀를 산 사람은 맥주를 사는 경향이 있다'는 사례가 있습니다. 이는 기저귀를 사러 온 아버지가 맥주를 함께 구매한다는 사실의 발견으로, 진위 여부를 떠나 재미있는 사례로 소개되고 있습니다.

이처럼 데이터 마이닝은 방대한 데이터에 AI 등의 기술을 결합해 분석함으로써 데이터의 경향을 도출하거나 최적의 조합을 찾아내는 작업을 가리킵니다. 고도의 분석이 필요하므로 대학 등 연구 기관이나 기업의 연구개발 부서 등에서 이루어지는 것이 일반적이며, 여기서 **얻은 통찰을 우리 인간이 어떻게 활용할 것인가**가 중요합니다.

그림1-5 데이터 과학 관련 분야

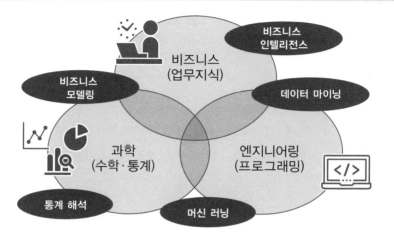

그림1-6 데이터 마이닝 사례

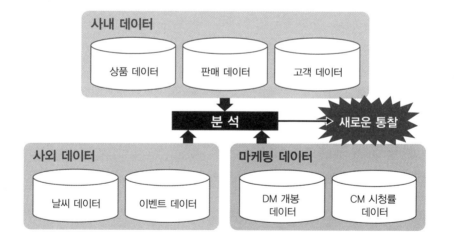

Point

✔ 데이터 과학에서는 수학이나 통계, 프로그래밍, 비즈니스 등 폭넓은 지식이 필요하다.

✔ 대량의 데이터를 분석해서 사람이 발견하지 못한 통찰을 얻는 것을 데이터 마이닝
  이라고 한다.

≫ 데이터에서 가치를 발견하는 직종

데이터를 분석하는 인기 직종 //

데이터 과학 기술을 활용해 데이터를 분석하는 사람을 **데이터 과학자**라고 합니다. 데이터 과학자는 '21세기에 가장 매력적인 직업'으로 불리며 화제가 된 바 있습니다.*

데이터 과학자는 **빅데이터에 과학, 엔지니어링, 비즈니스 지식을 결합해서 통찰을 얻어야 합니다**. 하지만 이런 지식을 혼자서 모두 습득하기란 쉽지 않습니다. 비즈니스라고 해도 업무에 따라 필요한 지식이 다르므로, 각 전문 분야 사람들이 모여 팀을 구성해 분석하는 경우가 많습니다(그림 1-7).

데이터 과학자를 지원하는 직종 //

데이터 과학자는 방대한 데이터를 잘 분석할 수 있지만, 애초에 데이터가 없으면 아무것도 할 수 없습니다. 그래서 데이터 과학자를 지원하는 역할로 **데이터 엔지니어**라는 직종도 있습니다.

분석할 데이터를 가공하고 형태를 정비할 뿐만 아니라 서버 등의 인프라 구축 및 클라우드를 활용한 데이터 분석 기반을 마련함으로써 데이터 과학자가 분석하기 좋은 환경을 마련하는 것이 주요 업무입니다. 업무의 폭이 넓고 IT에 관한 풍부한 지식이 요구됩니다(그림 1-8).

데이터 분석에서 컨설팅까지 지원하는 직종 //

데이터 과학자와 비슷한 직종으로 **데이터 애널리스트**가 있습니다. 이름에서 알 수 있듯이 데이터를 분석하는 사람을 가리키는 단어로, 데이터 마이닝 등의 기술을 사용해 분석 및 컨설팅하는 사람을 가리킵니다.

데이터 엔지니어와 데이터 애널리스트의 양면을 가진 인재를 데이터 과학자라고 부르기도 하고, 각 직종의 상위에 두는 기업도 있습니다.

---

* Davenport, Thomas H., and D. J. Patil. "Data Scientist: The Sexiest Job of the 21st Century." Harvard Business Review 90, no. 10 (October 2012): 70–76.

| 그림 1-7 | 조직의 데이터 과학자 구성 |

구성	장점	단점
소수의 천재적인 인재 (혼자서 모든 분야에 정통)	• 효율적으로 분석할 수 있다. • 비용이 저렴하다.	• 인재를 찾기가 어렵다. • 한 사람에게 큰 부하가 걸린다.
여러 부서에 걸친 구성 (주 업무 틈틈이 분석 작업을 실시)	• 비즈니스에 관한 지식을 활용할 수 있다. • 비용이 저렴하다.	• 분석이 주 업무가 아니므로 시간을 할애할 수 없다. • 큰 성과를 얻기 어렵다.
부서에 인재를 모아서 구성 (다양한 배경을 가진 사람을 모아서 분석)	• 인재를 모으기 쉽다. • 큰 성과가 났을 때의 효과가 크다.	• 성과가 나지 않은 경우, 비용만 커진다. • 실무와 멀어질 가능성이 있다.

| 그림 1-8 | 데이터 엔지니어에게 필요한 지식 |

수학 · 통계

 데이터베이스
(SQL)

 클라우드
(AWS, GCP,
Snowflake, …)

 프로그래밍
(R, Python, …)

 인프라
(Hadoop,
Spark, …)

Point

✔ 데이터 과학자 한 사람이 폭넓은 지식을 익히기 어렵기 때문에 팀을 구성해 분석하는 경우가 많다.

✔ 데이터 과학자에 가까운 직종으로 데이터 엔지니어와 데이터 애널리스트가 있다.

» 데이터는 그대로 쓸 수 없다

컴퓨터가 처리하기 쉬운 데이터란?

컴퓨터로 데이터를 처리하기 위해선 **데이터가 저장된 파일의 레이아웃 등을 프로그램이 알고 있어야만 합니다.**

예를 들어 CSV 형식으로 저장된 주소록을 다루는 프로그램이라면, 대상 파일이 CSV 형식으로 저장되어 있는 것이 전제입니다. 1열은 이름, 2열은 우편번호, 3열은 주소와 같이 어느 열에 어떤 값이 들어있는지 정해져 있어야 데이터를 처리할 수 있습니다(그림 1-9).

이처럼 파일 안에 데이터가 어떻게 저장되는지 구조가 미리 정해져 있어 컴퓨터가 쉽게 처리할 수 있는 데이터를 **구조화 데이터**라고 합니다. 주소록과 같은 표 형식 외에도 XML 형식, JSON 형식 등 다양한 형식(파일 형식)이 있습니다.

구조화된 데이터는 검색이나 정렬 등을 하기 쉽다는 특징이 있습니다. 주소록이라면 이름에 특정 문자가 포함된 사람을 검색할 수도 있고, 우편번호로 정렬하는 것도 간단합니다.

인간이 주로 사용하는 데이터

한편으로 메모나 일기처럼 간단한 문장이 나열된 데이터를 **비구조화(비정형) 데이터**라고 합니다(그림 1-10). 일기에 적힌 문장 안에 누군가의 이름이 적혀 있어도 컴퓨터가 그것을 이름이라고 판단하기는 어렵습니다.

인간은 문장 등의 의미를 이해해서 판단할 수 있지만, 컴퓨터는 어디에 무엇이 적혀 있는지 알 수 없습니다. 검색할 때 문자가 일치하는지는 판단할 수 있지만, 이름에 특정 문자가 포함되어 있는지 판단하는 것은 어려운 일입니다.

이는 문장뿐만 아니라 이미지, 동영상, 음성도 마찬가지입니다. 최근에는 AI의 등장으로 사람의 얼굴을 인식하는 기술이 등장했지만, 아직 인식 정확도가 낮은 것이 현실입니다.

그림1-9 구조화 데이터의 예

CSV 파일

이름, 우편번호, 주소, 전화번호, 이메일
김영진, 08591, 서울시 금천구 가산동, 02-1111-1111, k_youngjin@example.com
이수현, 04003, 서울시 마포구 서교동, 02-2222-2222, l_suhyun@example.co.kr
오세영, 03785, 서울시 서대문구 연희동, 02-3333-3333, o_seyoung@example.org

 표 계산 소프트웨어로 연다.

이름	우편번호	주소	전화번호	이메일
김영진	08591	서울시 금천구 가산동	02-1111-1111	k_youngjin@example.com
이수현	04003	서울시 마포구 서교동	02-2222-2222	l_suhyun@example.co.kr
오세영	03785	서울시 서대문구 연희동	02-3333-3333	o_seyoung@example.org

그림1-10 비구조화 데이터의 예

일기, 블로그 등

음성이나 이미지, 동영상 데이터만으로는 검색할 수 없다.

문장이라서 이름이 어디에 적혀있는지, 장소가 어디에 적혀있는지 등을 알 수 없다.

Point

✔ 파일의 구조가 미리 정해져 있어 컴퓨터가 쉽게 처리할 수 있는 데이터를 구조화된 데이터라고 한다.

✔ 일기 등의 문장은 비구조화 데이터라고 하며, 컴퓨터가 이름이나 장소 등을 추출하기가 어렵다.

≫ 대량의 데이터는 보물섬

3V

데이터 과학이 주목받는 이유 중 하나로 인간이 감당할 수 없을 정도로 많은 데이터를 수집할 수 있게 된 점을 들 수 있습니다. 인터넷이 발달하면서 많은 사람이 정보를 발신하게 되었을 뿐만 아니라, 최근에는 IoT 등 기술의 발달로 센서가 등장해서 사물 자체가 정보를 발신하게 되었습니다(그림 1-11).

이렇게 발생하는 대량의 데이터를 **빅데이터**라고 합니다. 빅데이터를 일반 컴퓨터로 다루기는 어렵습니다. 빅데이터는 'Volume(규모)', 'Velocity(속도)', 'Variety(다양성)'라는 특징에서 **3V**라고도 불립니다.

Volume은 이름에서도 알 수 있듯이 방대한 용량의 데이터를 의미합니다. 그리고 그 데이터는 빈번하게 갱신되므로 모아서 처리하는 게 아니라 실시간으로 처리할 필요가 있습니다(Velocity). 취급할 데이터에는 구조화 데이터뿐만 아니라 비구조화 데이터도 포함됩니다(Variety)(그림 1-12).

이러한 빅데이터 분석을 통해 지금까지 발견하지 못했던 새로운 통찰을 얻을 수 있습니다.

4V, 5V

3V에 Veracity(정확성)를 더한 4V와 다시 Value(가치)를 더한 5V라는 용어도 등장했습니다(그림 1-13). 단순히 많은 양의 데이터가 있는 것만으로는 의미가 없고, 쓸데없는 데이터가 없는 신뢰도 높은 데이터가 모여 있는 것을 가리키는 것이 Veracity입니다. 그리고 **데이터를 가지고 있는 것만으로는 의미가 없고, 데이터 분석 등을 통해 사회적 과제를 해결하거나 새로운 가치를 창출해야 한다**는 것이 Value입니다.

여기에 'Virtue(미덕)'를 더해 데이터를 다루는 사람의 윤리관까지 요구되는 시대가 도래했습니다.

그림 1-11 데이터가 증가하는 이유

그림 1-12 3V를 떠받치는 기술

3V	조건과 기술
Volume	대량의 데이터를 저장할 필요가 있다. 예) 클라우드 사용, 확장성이 높은 스토리지 사용
Velocity	빈번하게 갱신되는 데이터를 저장하고, 빠르게 처리할 필요가 있다. 예) 고속 네트워크 준비, 데이터 발생원 가까이서 저장 및 처리, 캐시 사용
Variety	다양한 데이터를 저장, 분석할 필요가 있다. 예) NoSQL 사용, 형태소 분석, 음성 인식 등의 기술 사용

그림 1-13 5V

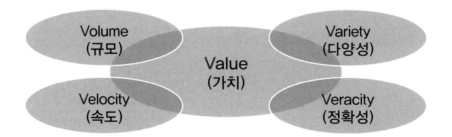

Point

✔ 용량이 클 뿐만 아니라 처리 속도가 빠르거나 다양한 데이터가 포함되는 것을 빅데이터라고 한다.

✔ 최근에는 용량이 클 뿐만 아니라 데이터의 정확성, 가치 등 다른 요소도 함께 요구된다.

≫ 사람과 컴퓨터는 다루기 쉬운 데이터가 다르다

사람이 읽기 쉬운 데이터와 컴퓨터가 처리하기 쉬운 데이터 \\\\\\\\\\\\\\\\\\\\\\\\\\

프레젠테이션 등에서 발표할 때, 표 형식의 데이터도 인간이 읽기 쉬운 형식으로 정리합니다. 표 형식으로 되어 있으면 Excel과 같은 표 계산 소프트웨어로 쉽게 처리할 수 있을 것으로 생각하지만, 프로그램으로 처리하려고 하면 번거로운 경우가 있습니다.

예를 들어, 그림 1-14와 같은 표 형식의 데이터는 인간이 볼 때 정리되어 이해하기 쉽지만, 프로그램으로 처리하려고 하면 복잡합니다. 같은 의미의 데이터라도 그림 1-15와 같은 데이터가 프로그램에서 처리하기 더 쉽습니다.

그림 1-14처럼 정형화되지 않은 데이터를 **메시 데이터**^messy data, 그림 1-15처럼 정형화된 데이터를 **타이디 데이터**^tidy data라고 부릅니다. 타이디 데이터라는 용어를 제안한 해들리 위컴의 논문*에 따르면, 타이디 데이터의 조건으로 다음과 같은 3가지를 들 수 있습니다. 즉, **열은 항목을 나타내고 행은 하나의 데이터를 나타냅니다.**

- ◆ ① 개개의 변수가 하나의 열을 형성한다.
- ◆ ② 개개의 관측이 하나의 행을 형성한다.
- ◆ ③ 개개의 관측 단위 종류마다 하나의 표를 형성한다.

타이디 데이터 사용의 장점 \\\

타이디 데이터를 사용하면 총인원수를 알고 싶을 때 인원 열을 합계해서 구할 수 있습니다. 또한, 특정 부서나 남녀별 인원을 조사하고 싶거나 인원이 많은 부서를 알고 싶을 때도 표 계산 소프트웨어 등으로 열 단위로 필터링하면 쉽게 조사할 수 있습니다(그림 1-16).

데이터 추가나 삭제, 갱신 등을 할 때도 조작이 간단하며, 순서를 정렬해서 표시하는 것도 손쉽게 할 수 있습니다.

---

* Hadley Wickham. (2014). "Tidy Data". Journal of Statistical Software,59(10), 1–23.(https://www.jstatsoft.org/article/view/v059i10)

그림1-14 메시 데이터의 예

	경리부	총무부	인사부
남자	3명	5명	2명
여자	4명	3명	3명

그림1-15 타이디 데이터의 예

부서	성별	인원(명)
경리부	남자	3
경리부	여자	4
총무부	남자	5
총무부	여자	3
인사부	남자	2
인사부	여자	3

그림1-16 타이디 데이터를 사용하는 이점

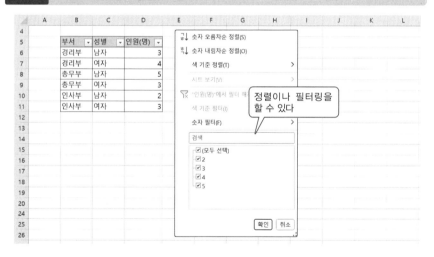

Point

✔ 표 형식 데이터라도 컴퓨터가 처리하기 쉬운 데이터를 타이디 데이터라고 한다.
✔ 타이디 데이터를 사용하면 데이터 추가 및 삭제가 용이하고, 정렬이나 필터링 등
분석에 이용하기 쉬워진다.

>> 데이터를 위한 데이터

조직의 데이터를 통합 관리한다 \\\

기업이 데이터베이스를 만들 때 공통으로 필요한 데이터를 **마스터 데이터**라고 합니다. 예를 들어, 고객 이름, 주소 등의 정보가 등록되어 있지 않으면 상품을 구매해도 배송을 할 수 없습니다. 또 상품 정보가 등록되어 있지 않으면 판매 데이터를 등록할 수 없습니다.

이처럼 **마스터 데이터는 기초가 되는 데이터로 기업에서는 매우 중요**합니다. 일반적으로 '마스터'라고 줄여서 부르는 경우가 많아, '고객 마스터', '상품 마스터'와 같은 테이블이 만들어집니다. 그리고 이러한 마스터 데이터를 다른 테이블과 연관시켜 다양한 애플리케이션을 구현합니다(그림 1-17).

반대로 같은 데이터가 여러 곳에 저장되어 있거나 부서에 따라 ID를 다르게 읽어야 하는 등 마스터 데이터가 정리되지 않은 경우에는 각각의 데이터를 통합하는 작업이 필요합니다.

데이터를 위한 데이터 \\\

데이터를 효율적으로 관리하기 위해서는 **데이터에 어떤 항목이 있고, 어떤 형식으로 저장되어 있는지 등을 파악해야 합니다.** 데이터에 따라 그 내용이 다르기 때문에 각각의 데이터에 따라 항목과 서식을 관리할 필요가 있습니다. 이를 위해 사용되는 것이 **메타 데이터**이며, 메타 데이터는 데이터를 위한 데이터라고 불립니다(그림 1-18).

이미지, 음성, 동영상과 같은 파일에는 파일 맨 앞에 메타 데이터를 저장하는 영역이 마련되어 있어, 데이터와 함께 하나의 파일로 저장됩니다.

반면, 데이터베이스의 경우에는 DBMS(데이터베이스 관리 시스템)에서 메타 데이터를 관리하는 데이터 딕셔너리라는 기능이 있으며 그곳에서 저장합니다.

그림 1-17 마스터 데이터의 연계

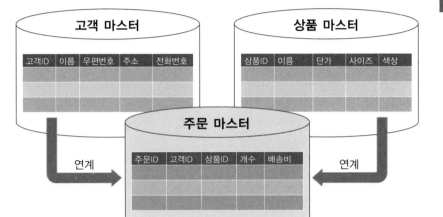

그림 1-18 메타 데이터

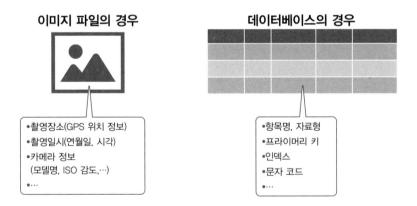

≫ 데이터를 한 곳으로 모은다

데이터 분석 기반을 만든다 \\

데이터가 여러 곳에 분산되어 있으면 데이터를 조합해서 분석하기가 어렵습니다. 그래서 필요할 때 언제든지 데이터를 꺼낼 수 있도록 축적하는 시스템군을 **데이터 기반** (데이터 분석 기반)이라고 합니다(그림 1-19).

데이터를 저장하는 데이터베이스뿐만 아니라 이를 처리하는 서버, 분석 결과를 시각화하는 프로그램까지 포함해 통합 관리하는 구조를 갖춘 경우가 많습니다. 클라우드 환경에서는 분석자가 고성능 컴퓨터를 직접 보유하지 않고도 빠른 분석 환경을 이용할 수 있습니다.

데이터 상황을 한 화면에 표시한다 \\

다양한 분석을 할 때, 그 결과를 하나씩 확인하려면 많은 시간이 소요됩니다. 그래서 그래프나 집계 표 등을 한 화면에 모아서 표시하면, 각각의 데이터를 일일이 확인할 필요가 없고 여러 개의 그래프를 비교할 수도 있게 됩니다.

이러한 화면을 **대시보드**라고 하며, 보는 사람에 맞게 필요한 정보를 정리하는 데 사용됩니다. 경영자라면 매출액이나 주가 등을 정리해서 표시하고, 현장 담당자라면 현재 시스템 운영 상태나 당일 작업 목표 등을 정리해서 표시합니다(그림 1-20).

데이터를 자동으로 가공한다 \\

데이터 기반에는 다양한 소스로부터 데이터를 수집하고 가공해서 축적하는데, 이 작업을 수작업으로 진행하면 많은 시간이 들어갑니다. 대규모 시스템의 경우, 매일매일 데이터가 증가되는 상황이므로 언제든 분석하기 위해서는 작업을 자동화해 둘 필요가 있습니다.

이러한 구조를 **데이터 파이프라인**이라고 하며, 일괄 처리로 매일 야간에 하루 분량의 데이터를 가공해 축적하는 등의 방법이 사용됩니다.

그림 1-19 데이터를 축적해 두는 데이터 기반

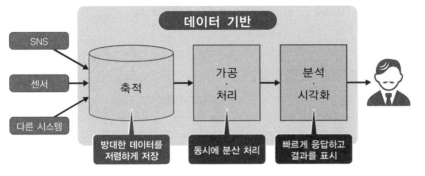

그림 1-20 대시보드의 형태

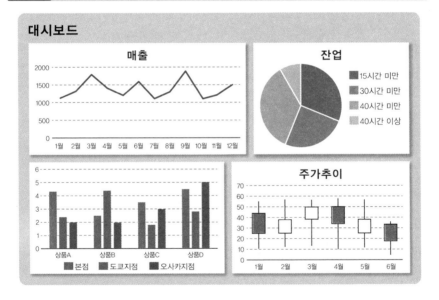

Point

✔ 언제든지 데이터를 꺼내 쓸 수 있는 시스템을 데이터 기반이라고 하며, 데이터베이스 등의 서버나 분석, 시각화 프로그램 등이 있다.

✔ 그래프나 집계표 등을 모아 한눈에 볼 수 있는 화면을 대시보드라고 한다.

» 효율적인 처리 순서를 생각한다

알고리즘과 데이터 구조를 이해한다

문제를 해결하기 위한 절차나 계산 방법을 **알고리즘**이라고 합니다. 어떤 문제가 주어졌을 때, 같은 입력에 대해 같은 답을 얻을 수 있는 경우라도 그 답을 유도하는 방법은 여러 가지가 있습니다(그림 1-21). 하지만 절차만 명확하게 해 놓으면 누가 하더라도 같은 답을 얻을 수 있습니다.

프로그래밍에서는 컴퓨터를 이용해 문제를 해결하는 절차나 프로그램으로 구현한 것을 가리키는 말로 알고리즘이 사용됩니다. 같은 입력에 대해 같은 결과를 얻을 수 있는 여러 방법이 있을 때, 소스 코드 작성 방식이나 처리 절차에 따라서 실행에 걸리는 시간이나 필요한 메모리 용량이 달라지므로 작성 방식이나 처리 절차를 개선하면 처리 시간을 크게 단축할 수 있습니다.

그리고 프로그램에서 데이터를 어떻게 저장하는가에 따라서도 알고리즘이 달라집니다. 예를 들어, 많은 데이터를 메모리에 저장하는 경우를 생각해 봅시다. 연속된 영역에 데이터를 저장해서 주소로 접근할 것인지, 다음 데이터의 위치를 나타내는 데이터를 추가해 앞에서부터 순차적으로 접근할 것인지에 따라 프로그램의 처리 방법도 달라집니다. 이처럼 프로그램에서 데이터를 처리할 때 데이터를 저장하는 방법을 **데이터 구조**라고 합니다(그림 1-22).

알고리즘의 처리 시간

어떤 알고리즘으로 구현한 프로그램의 실행 시간은 입력 데이터 양에 따라 크게 달라집니다. 예를 들어, 10개의 데이터라면 순식간에 처리할 수 있지만, 10,000개의 데이터라면 처리 시간이 오래 걸린다는 것은 쉽게 상상할 수 있습니다.

이때 입력 건수에 따라 처리 시간이 얼마나 달라지는지 생각해 보는 것이 중요합니다. 데이터 양이 10배, 100배가 되었을 때 처리 시간도 10배, 100배가 되는지, 아니면 100배, 10,000배가 되는지에 따라 알고리즘의 우수성을 비교할 수 있습니다. 데이터를 분석할 때도 **분석 전에 처리 시간을 예측해 두지 않으면, 분석에 엄청난 시간이 소요될 수 있습니다.**

| 그림 1-21 | 같은 답을 얻을 수 있는 방법은 여러 가지가 있다 |

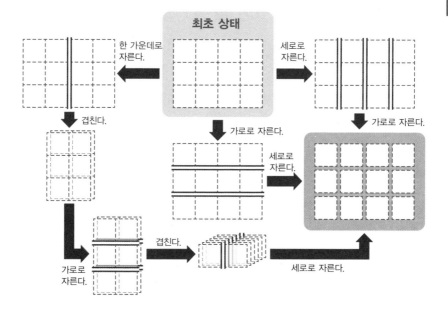

| 그림 1-22 | 데이터 구조의 예 |

배열(연속된 영역에 데이터를 저장)

주소	0	1	2	3	4	5	6	7	8	9	10	11	12	⋯
값	17	6	14	19	8	3	7	12	10	4	1	9	11	⋯

연결 리스트(다음 데이터의 위치를 나타내는 데이터 추가)

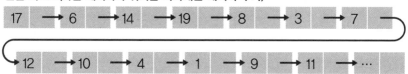

Point

✔ 문제를 해결하기 위한 절차나 계산 방법을 알고리즘이라고 한다.

✔ 프로그램을 작성할 때는 알고리즘뿐만 아니라 데이터를 어떻게 저장할지 데이터 구조를 고려할 필요가 있다.

≫ 도출한 규칙을 사용할 수 있게 한다

데이터에서 모델을 생성한다 //

인공지능 연구에서 대량의 데이터를 바탕으로 분석하여 뭔가 좋은 결과를 얻었다고 가정해 봅시다. 하지만 그것은 어디까지나 주어진 데이터에 대해서만 좋은 결과를 얻은 것에 불과합니다.

이를 다른 분야의 다른 데이터에 대해서도 똑같이 적용할 수 있느냐 하면, 현실적으로 어려운 경우가 적지 않습니다. 하지만 **처리 내용을 단순화하고 본질에 집중하면 범용적으로 사용**할 수 있는 방법이 생기는 경우도 있습니다.

이처럼 데이터에서 얻을 수 있는 통찰의 본질을 포착한 것을 **모델**이라고 합니다. 예를 들어, 산을 오르다 보면 고도가 높아질수록 기온이 낮아지는 현상을 경험하게 됩니다. 실제로 데이터를 적용해 보면 그림 1-23처럼 우하향하는 직선으로 분포되는 것을 알 수 있습니다. 이 직선의 식 자체는 다른 데이터에서 사용할 수 없지만, 이렇게 직선으로 표현할 수 있는 관계는 얼마든지 있습니다. 이런 관계를 일반화한 것을 '선형 모델'이라고 합니다. 모델을 만들면 그 이면에 있는 관계를 설명할 수 있습니다.

모델 작성과 수정을 반복한다 //

모델을 만들고 이를 측정된 데이터에 적용해 현상을 이해하는 것을 **모델링**이라고 합니다. 데이터만 보고는 알 수 없는 것도 그래프 등으로 시각화하고 미지의 데이터에 대한 결과를 예측할 수 있다면 유익한 정보를 얻을 수 있습니다.

이때 같은 데이터라도 분석하는 사람이 어떤 모델을 만들고 활용하느냐에 따라 해석이나 사용법이 달라집니다. 절대적으로 옳은 모델은 존재하지 않으며, **분석자가 적절한 모델을 선택하는 것**이 중요합니다.

실제로 전 세계 연구자들이 개발한 모델이 많이 있으므로 분석자는 자신이 다루는 과제에 적합한 모델을 선택하고 이를 수정 및 미세 조정하여 사용하는 것이 일반적입니다(그림 1-24).

그림1-23 고도가 높아질수록 기온이 내려가는 데이터와 그 관계성의 예

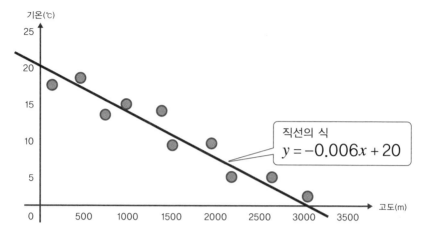

기온(℃)

직선의 식
$$y = -0.006x + 20$$

고도(m)

그림1-24 모델링의 흐름

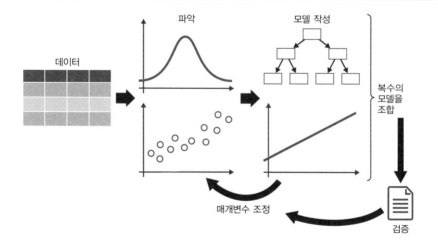

파악

모델 작성

데이터

복수의
모델을
조합

매개변수 조정

검증

Point

✔ 데이터에서 얻을 수 있는 통찰의 본질을 포착한 것을 모델이라고 한다. 모델을 만들면 관계를 설명할 수 있게 된다.

✔ 모델을 만들고 이를 실제 데이터에 적용하면서 현상을 이해하는 것을 모델링이라고 한다.

≫ 데이터를 다루는 프로그래밍 언어

높은 수준의 분석이 가능한 R //

통계 관련 라이브러리가 풍부한 프로그래밍 언어로 R이 유명합니다. AT&T의 벨 연구소에서 개발하던 S언어라는 프로그래밍 언어를 기반으로 오픈소스로 재구현한 것으로, 실제로는 S언어의 문법을 실행할 수 있는 '환경'을 말합니다. 상용 패키지로는 S-PLUS가 있습니다.

R은 실행 환경이기 때문에 프로그램을 시작하면 명령을 입력하는 화면이 표시됩니다. 거기에 명령을 입력하면 실행 결과가 표시되므로 소규모 프로그램을 시험하는데 편리합니다(그림 1-25).

범용적으로 사용할 수 있는 Python //

최근 데이터 분석 분야에서 상당히 주목받고 있는 언어는 Python입니다. 딥러닝 및 AI 관련 연구에 편리한 라이브러리를 많이 갖추고 있어 인기를 모으고 있습니다.

통계적인 처리뿐만 아니라 웹 애플리케이션 개발이나 프로그래밍 교육, 라즈베리파이Raspberry Pi와 같은 IoT 디바이스 프로그래밍 등 다양한 분야에서 사용됩니다.

또한, R 및 Python의 실행 환경으로 웹브라우저에서 액세스할 수 있는 Jupyter Notebook도 인기를 끌고 있습니다(그림 1-26).

향후 기대되는 Julia //

파이썬은 편리하지만, 스크립트 언어이기 때문에 처리 속도가 결코 빠르다고 할 수 없습니다. 그래서 처리 속도도 빠르고 통계 등에 강한 언어로 주목받고 있는 것이 Julia입니다.

위에서 소개한 Jupyter Notebook의 'Jupyter'는 Julia, Python, R이라는 세 개의 언어를 의미한다고 합니다.

그림1-25 R의 실행 예

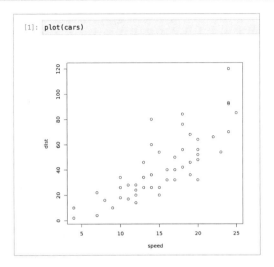

```
[1]: plot(cars)
```

그림1-26 Jupyter Notebook은 웹브라우저에서 R과 Python을 실행할 수 있다

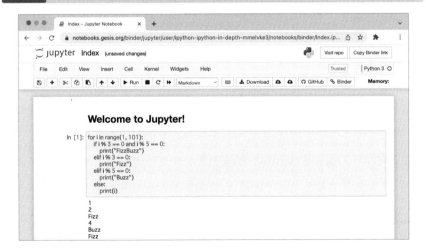

```
In [1]: for i in range(1, 101):
            if i % 3 == 0 and i % 5 == 0:
                print("FizzBuzz")
            elif i % 3 == 0:
                print("Fizz")
            elif i % 5 == 0:
                print("Buzz")
            else:
                print(i)

1
2
Fizz
4
Buzz
Fizz
```

Point

✔ 데이터 분석에서는 R이나 Python이라는 프로그래밍 언어가 주로 사용된다.

✔ R, Python, Julia를 사용할 수 있는 환경으로 Jupyter Notebook이 인기를 모으고 있다.

≫ 누구나 무료로 쓸 수 있는 데이터

공개된 데이터를 이용해 분석한다

데이터 분석을 하기 위해서는 무엇보다도 데이터가 필요합니다. 기업이라면 어느 정도 많은 양의 데이터를 보유하고 있지만, 그렇다고 해서 개인정보 등이 포함된 데이터를 함부로 사용할 수는 없습니다.

일본에선 2016년 '민관 데이터 활용 촉진 기본법'이 시행되는 등 데이터를 활용해 우리 생활을 풍요롭게 하려는 노력을 시작했습니다. 그중에서도 **데이터를 활용할 때는 개인정보와 프라이버시 등을 고려한 적절한 관리**가 요구됩니다.

이런 경우에 편리한 것이 누구나 사용할 수 있도록 공개된 데이터입니다. 최근에는 정부나 지자체가 통계 목적으로 수집한 데이터를 공개하고 있는데, 이를 **오픈 데이터**라고 부릅니다. 오픈 데이터가 공개되어 있는 대표적인 사이트로는 총무성 통계청이 운영하는 **e-Stat**가 있습니다(한국의 경우는 국가통계포털 KOSIS. https://kosis.kr/).

e-Stat에 게재된 데이터는 정부통계라고 불리며, 대표적인 데이터로 그림 1-27과 같은 것을 들 수 있습니다. CSV 형식이나 엑셀 형식으로 다운로드할 수 있는 것도 있고, 웹사이트 상에서 데이터베이스 기능을 이용해 자유롭게 집계할 수 있는 데이터도 있습니다.

프로그램에서 자동으로 데이터를 처리한다

위에서 언급한 대로 CSV 등을 다운로드하는 방법도 있고, 웹사이트에 API(Application Programming Interface) 형태로 공개되어 있다면 프로그램에서 직접 호출해 실행할 수도 있습니다. 이렇게 프로그램에서 접근할 수 있도록 웹사이트에서 제공하는 API를 **WebAPI**라고 합니다.

이처럼 사람이 웹브라우저를 사용해 데이터에 접근할 수 있을 뿐만 아니라, WebAPI가 제공되면 원하는 시점에 프로그램에서 호출해 인터넷에 있는 최신 데이터를 자유롭게 가져올 수 있습니다(그림 1-28).

그림1-27 e-Stat에서 대표적인 통계 데이터

분류	예
인구	국세조사, 인구추계, 인구동향조사 등
주택	주택 · 토지통계조사, 토지동태조사 등
노동 · 임금	노동력조사, 취업구조기본조사 등
기업	경제 센서스, 서비스산업동향조사 등
가계	통계조사, 가계소비동향조사, 소비자물가지수, 소비동향지수 등

※참고 : 정부 통계 종합 창구(e-Stat)(URL : https://www.e-stat.go.jp)를 기초로 작성

그림1-28 WebAPI의 활용

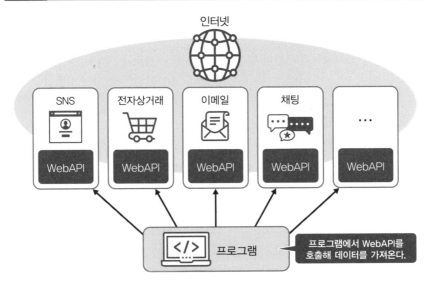

Point

✔ 정부나 지방자치단체 등이 공개해 누구나 자유롭게 이용할 수 있는 데이터를 오픈 데이터라고 한다.

✔ 총무성 통계청이 운영하는 e-Stat에서는 인구주택총조사, 가계조사 등의 데이터를 CSV나 엑셀 형식으로 다운로드할 수 있다.

✔ 사람이 직접 데이터를 다운로드해서 사용하는 방법뿐만 아니라, 공개된 데이터를 WebAPI로 호출해서 사용하는 방법도 있다.

≫ 재미있게 공부하는 분석 기법

많은 데이터 분석자가 모이는 커뮤니티 \\\

데이터 과학을 공부하고자 할 때, **분석 방법을 아는 것뿐만 아니라 실제로 분석할 데이터도 필요**합니다. 공개된 오픈 데이터를 이용하는 방법도 있지만, 기업 등에서 분석 기술 향상을 목적으로 데이터나 문제를 제공하는 경우가 있습니다.

대표적인 예가 캐글Kaggle인데, 다양한 데이터를 활용한 경진대회가 열릴 뿐만 아니라 다른 사람이 작성한 코드를 보고 토론에 참여하기도 하면서 데이터 과학을 학습할 수 있는 커뮤니티입니다. 대회에 참가하려면 회원 가입만 하면 되므로 초보자도 쉽게 참가할 수 있고, 성적이 좋은 분석 모델에는 상금이 지급되는 경우도 있습니다(그림 1-29).

규칙 등이 영어로 작성되어 있기 때문에 간단한 영어 정도는 이해할 수 있어야 하지만, 처음에는 그런 커뮤니티에 참여해 보는 것도 학습을 위한 한 가지 방법입니다.

경진대회에서 문제를 해결한다 \\

데이터 분석에 국한되지 않고 프로그래밍 기술이나 알고리즘 지식을 습득하고 싶다면 퍼즐 등의 문제를 푸는 방법이 효과적입니다. 대회 형식으로 출제된 문제를 해결하는 프로그램을 단시간에 정확하게 구현하는 것으로 **프로그래밍 경진대회**가 있습니다(그림 1-30).

우승을 위해서는 구현까지 걸리는 시간이 짧아야 하는 것도 중요하지만, 처리 내용을 잘 설계해서 단시간에 답이 나오도록 프로그램을 구현할 수 있어야 합니다. 실무와 직결되는 것은 아니지만, 프로그래밍 초보자부터 상급자까지 폭넓게 즐길 수 있는 사이트가 몇 개 있습니다.

프로그래밍 경진대회와 비슷한 형태로 보안 업계에서는 **CTF**Capture The Flag가 열리기도 합니다. 취약점을 노려 공격을 시도하는 기술력뿐만 아니라 네트워크 설정, 암호화 이론 등 폭넓은 지식이 필요한 것이 특징입니다.

그림1-29 캐글의 서비스

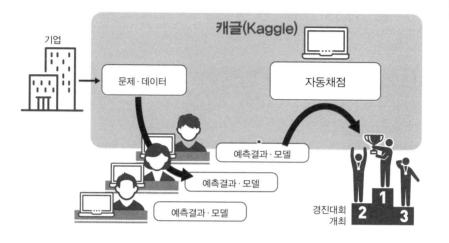

그림1-30 프로그래밍 경진 대회의 흐름

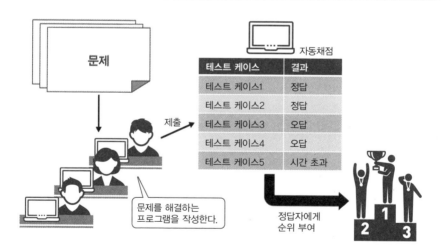

테스트 케이스	결과
테스트 케이스1	정답
테스트 케이스2	정답
테스트 케이스3	오답
테스트 케이스4	오답
테스트 케이스5	시간 초과

Point

✔ 기업 등으로부터 제공받은 데이터를 이용해 분석하고, 개발된 예측 결과나 분석 모델을 채점하는 플랫폼으로 캐글이 있다.

✔ 퍼즐 등의 문제를 푸는 프로그램을 개발하고, 그 개발 시간이나 정확도를 겨루는 프로그래밍 경진대회가 있다.

≫ IT를 중심으로 생각한다

IT와 일체화해 실현되는 비즈니스 모델의 변혁 //

컴퓨터의 등장과 함께 인간이 하던 일을 자동화하는 기술이 발전해 왔습니다. 하지만 그 목적은 자동화를 통해 효율성을 높이고 부가가치를 제공하는 것이었습니다. 어디까지나 '기존 비즈니스'를 어떻게 개선할 것인지가 주요 관심사였습니다.

최근에는 **디지털 트랜스포메이션**이라는 용어가 자주 사용되는데, Digital Transformation에서 Trans를 'X'로 표현해서 **DX**라고 줄여 부르기도 합니다. Transformation에는 '변신', '변혁'이라는 뜻이 있으며, DX는 **IT를 중심으로 한 새로운 비즈니스 모델이나 산업 전반의 구조적 변혁**을 가리킵니다(그림 1-31).

DX를 실현하는 세 가지 단계 ///

하지만, 당장 DX를 추진하려고 해도 어디서부터 시작해야 할지 모르는 경우가 대부분입니다. 그럴 때는 일반적으로 3단계로 나누어서 생각하는 것이 좋습니다.

첫 번째 단계는 **디지타이제이션**이라고 하는데, 아날로그 방식으로 사람이 하던 작업을 IT를 활용해서 디지털 정보로 다루는 '디지털화'를 말합니다. 예를 들어, 종이와 도장으로 하던 업무를 PDF로 페이퍼리스화할 수 있습니다.

두 번째 단계는 **디지털라이제이션**으로, IT 등의 디지털 기술을 활용해 제품이나 서비스에 부가가치를 부여하거나 편의성을 높이는 것을 말합니다. POS 등으로 수집한 매출 데이터를 분석해서 비즈니스에 활용하는 예를 들 수 있습니다(그림 1-32).

세 번째 단계가 'DX'입니다. 그림 1-31에서 소개한 예처럼 지금까지 계산대에서 하던 결제 방식에서 벗어나 아예 계산대라는 개념을 없애고, 매장에서 물건을 들고나갈 때 자동으로 결제되도록 하면 비즈니스 자체가 바뀝니다.

DX를 실현하기 위해서는 AI와 데이터 분석은 필수라고 할 수 있습니다.

그림1-31 기존 IT화와 DX의 차이

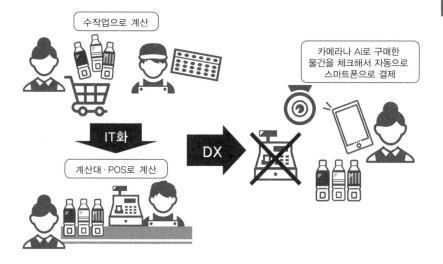

그림1-32 디지타이제이션과 디지털라이제이션

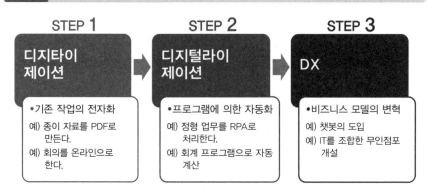

STEP 1

디지타이제이션

- 기존 작업의 전자화
- 예) 종이 자료를 PDF로 만든다.
- 예) 회의를 온라인으로 한다.

STEP 2

디지털라이제이션

- 프로그램에 의한 자동화
- 예) 정형 업무를 RPA로 처리한다.
- 예) 회계 프로그램으로 자동 계산

STEP 3

DX

- 비즈니스 모델의 변혁
- 예) 챗봇의 도입
- 예) IT를 조합한 무인점포 개설

Point

✔ IT를 중심으로 한 새로운 비즈니스를 창출하는 비즈니스 모델의 변화를 디지털 트랜스포메이션이라고 하며, 줄여서 DX라고 한다.

✔ DX는 크게 3단계로 나뉘는데, 그 이전 단계를 디지타이제이션과 디지털라이제이션 이라고 한다.

✔ DX를 실현하기 위해서는 AI와 데이터 분석이 필수라고 할 수 있다.

≫ 분석된 데이터의 활용 사례

무인으로 문의에 응답하는 시스템 //

기업의 웹사이트를 방문했을 때 질문에 응답해 주는 채팅 기능이 웹페이지 안에 표시되는 경우가 있습니다. 채팅이라고 해도 담당자와 직접 대화하는 것이 아니라, 이용자가 입력한 내용에 프로그램이 자동으로 응답하는 방식으로 **챗봇**이라고 합니다(그림 1-33).

지금까지도 '자주 묻는 질문' 등의 페이지를 제공하는 웹사이트는 많이 있었지만, 이용자가 그중에서 원하는 항목을 찾기가 번거롭고 원하는 답변이 없는 경우도 적지 않았습니다.

하지만 채팅 형식으로 입력된 질문에 자동으로 응답하게 함으로써 이용자는 원하는 정보를 정확하게 얻을 수 있고 문의 사항에 일일이 답해야 하는 웹사이트 담당자의 수고와 부담도 줄일 수 있게 됩니다.

이때 적절하게 응답할 수 있으려면 과거에 문의한 내용 등을 저장해 둘 필요가 있습니다. 입력된 문장에서 키워드 등을 추출해 그에 대한 답변을 자동으로 생성하는 기술도 필요합니다.

챗봇의 장점은 이용자가 검색한 단어를 기록할 수 있다는 점입니다. '자주 묻는 질문' 페이지만으로는 사용자가 무엇을 찾고 있는지 웹사이트 관리자는 상상할 수밖에 없습니다. 이용자가 직접 질문을 입력하게 함으로써, **이용자가 원하는 질문에 대한 답을 새롭게 추가**할 수 있습니다.

이용자에게 맞는 제안을 프로그램으로 실현 //

챗봇의 경우 사용자 입력에 대응해서 응답을 하지만, 이용자가 아무것도 입력하지 않아도 취향에 맞는 상품이나 서비스를 제시할 수 있습니다. 이런 방식을 **추천**recommend이라고 합니다(그림 1-34).

추천 서비스는 과거 구매 이력, 검색 이력, 고객 속성 등을 활용해 분석하여 **이용자에게 맞는 최적의 정보를 제시**합니다.

그림1-33 사용자에 맞게 응답할 수 있는 챗봇

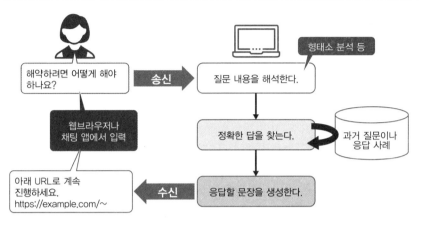

그림1-34 추천 시스템

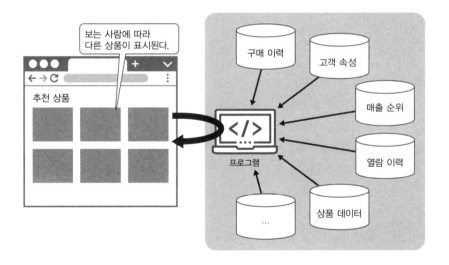

Point

✔ 이용자가 입력한 질문 등에 자동으로 응답하는 프로그램을 챗봇이라고 한다. 문의 담당자의 부담을 줄여주는 효과가 있다.

✔ 이용자 취향에 맞는 상품이나 서비스를 제시하는 시스템을 추천이라고 하며, 과거 데이터를 분석한 프로그램으로 생성된다.

데이터 과학을 지탱하는 기술

1-17

장바구니 분석, 연관성 분석, RFM 분석

≫ 이 상품을 구매한 사람은 이런 상품도 구매했어요

온라인 쇼핑 사이트에서 자주 사용되는 추천 방법

온라인 쇼핑 사이트에서 상품을 표시하면 해당 페이지에서 '이 상품을 구매한 사람은 이런 상품도 구매했어요'와 같이 다른 상품을 추천하는 경우가 있습니다. 이것은 추천 기능을 통해 이루어지는데, 이때 사용되는 것이 '**장바구니 분석** Market basket analysis' 입니다.

예를 들어, 어떤 사람이 A, B, C라는 상품을 구매했다고 가정해 보겠습니다. 그리고 다음 사람이 A와 B라는 상품을 구매한 상태를 생각해 봅시다. 이때 C라는 상품도 구매할 가능성이 있다고 생각할 수 있습니다. 이처럼 과거 구매 이력 등을 활용해서 '동시에 구매되는 상품'의 **조합을 발견**하는 분석 방법을 말하며, 1-3 절의 데이터 마이닝에서 소개한 '기저귀와 맥주'의 사례도 이 장바구니 분석에 따른 것입니다(그림 1-35).

연관성이 높은 데이터를 발견

장바구니 분석과 같이 **방대한 데이터 중에서 연관성이 높은 데이터를 발견하는 방법**을 일반적으로 **연관성 분석** association analaysis이라고 합니다. 예를 들어, 검색엔진에서 키워드를 입력했을 때 추가로 표시되는 검색 후보 키워드를 예로 들 수 있습니다. 이용자에 맞게 연관된 키워드를 잘 표시해 주면 사용자는 더욱 편리하게 검색할 수 있습니다.

데이터를 바탕으로 고객에 순위 부여

마케팅 관점에서는 장바구니 분석 이외에도 다양한 분석 방법이 사용되는데, 대표적인 것으로 **RFM 분석**이 있습니다. Recency, Frequency, Monetary의 머리글자를 따서 이름을 붙였습니다. 이 방법은 **자주 구매하는 고객부터 차례로 순위를 매기는 방법**입니다(그림 1-36).

높은 순위의 고객에게는 특별 혜택을 제공하고, 낮은 순위의 고객에게는 할인 행사나 DM을 보내는 등의 방법을 통해 재방문을 촉진합니다.

그림 1-35 조합을 발견하는 장바구니 분석

	양파	당근	양배추	감자	무	돼지고기	소고기
A씨	○	○		○			○
B씨		○	○		○	○	
C씨	○		○				
D씨	○	○		○		○	
E씨		○			○		

이 상품을 구매한 사람은 이런 상품도 구매했습니다.
• 양배추
• 돼지고기

그림 1-36 고객 순위를 매기는 RFM 분석

점수	Recency (최근 구매일)	Frequency (방문빈도, 구매빈도)	Monetary (구매 수량)
5	1개월 이내	월3회 이상	누계100만원 이상
4	3개월 이내	월1회 이상	누계30만원 이상
3	6개월 이내	6개월에 1회 이상	누계10만원 이상
2	1년 이내	1년에 1회 이상	누계3만원 이상
1	그 이상	그 이상	그 이하

1개월 이내에 내점하고
6개월에 1회 이상 구매,
누계 3만원 이상

 R : 5, F : 3, M : 4

→ **12**점

Point

✔ 추천을 위해 다른 고객이 구매한 데이터를 이용해 '동시에 구매되는 상품'을 발견하
는 분석을 장바구니 분석이라고 한다.

✔ 자주 구매하는 고객의 순위를 매기는 방법으로 RFM 분석이 있으며, 고객들이 지속
적으로 이용할 수 있도록 고안되어 있다.

≫ 데이터에 따라 가치가 달라진다

수요와 공급에 따라 변하는 가격 \\\

지금까지는 상품이나 서비스의 가격이 공급자에 의해 사전에 결정되었습니다. 유통 기한이 다가오는 식품의 경우 타임 세일 등으로 할인하기도 하고 호텔이나 비행기의 경우 성수기엔 가격이 오르기도 하지만, 그 밖에는 언제 구매하더라도 동일한 가격이었습니다.

그런데 최근에는 수요와 공급에 따라 **상품이나 서비스의 가격을 조절**하는 방법이 등장했고, 이를 **다이내믹 프라이싱**dynamic pricing이라고 부릅니다. 스포츠 경기 관람석을 예로 들면, 인기 있는 경기나 좌석 위치, 날씨 등에 따라 가격을 실시간으로 조정하는 것입니다(그림 1-37).

수요가 많을 때는 가격을 올리고 판매 실적이 좋지 않을 때는 가격을 낮추어 고객을 유인하는 등 기업의 수익을 최대화하기 위해 데이터를 분석하고 AI를 이용해 가격을 자동으로 변경하는 것입니다 (그림 1-38).

금융업계와 IT업계의 연계 \\\

다이내믹 프라이싱뿐만 아니라 앞으로도 결제, 자산관리 등의 분야에서는 IT의 활용이 확대될 전망입니다. 스마트폰을 이용한 전자결제나 가계부와의 연계, 개인 간 송금, 투자 및 운용 지원, 가상화폐 활용 등 금융Finance과 기술Technology을 결합한 편리한 서비스를 **핀테크**FinTech라고 합니다(그림 1-39).

IT업계와 금융기관 등이 연계해 새로운 서비스를 개발하는 경우가 많아, 기존보다 수수료가 싸고 쉽게 이용할 수 있는 편리하고 혁신적인 서비스가 제공되기 시작했습니다.

그 배경에는 AI와 IoT가 실용화되면서 인간이 가진 지식뿐만 아니라 **카메라나 센서 등으로 수집한 대량의 데이터를 분석할 수 있게 되었다**는 점을 들 수 있습니다. 지금까지는 막대한 비용이 들어 실현하기 어려웠던 일들을 적은 비용으로 실현할 수 있게 되면서 많은 사업자들이 뛰어들고 있습니다.

그림1-37 가격을 변동시키는 다이내믹 프라이싱

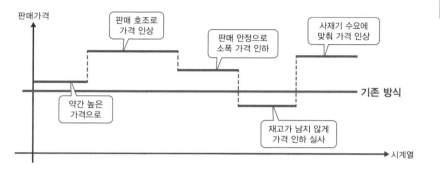

그림1-38 다이내믹 프라이싱의 효과

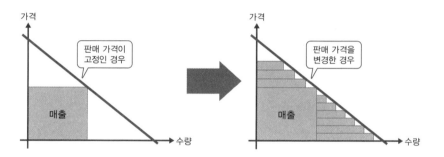

그림1-39 주목받는 핀테크

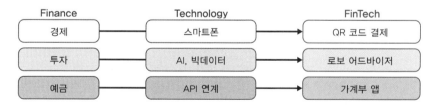

Point

✔ 상품이나 서비스의 가격을 수요와 공급에 따라 변동시키는 방식을 다이내믹 프라이싱이라고 한다.

✔ 금융과 기술이 결합된 편리한 서비스를 핀테크라고 하며 많은 사업자들이 추진하고 있다.

≫ 소규모로 직접 시험해 본다

제품과 서비스의 수요를 조사한다 //////////////////////////////////////

비즈니스에서 새로운 아이디어나 제품이 떠올라도 실제로 실현 가능한지는 알 수 없습니다. 제품의 경우 제조 과정에서 문제가 발생할 가능성도 있고, 서비스의 경우 이용할 사람이 많지 않을 수도 있습니다. 비즈니스에서는 충분한 수익을 얻을 수 있을지 모르는 상태에서 투자를 결정할 수 없는 법입니다.

책상머리에서 논의해 봐도 좋은 결과를 얻을 수 있을지 알 수 없을 때 효과적인 방법이 **PoC**Proof of Concept입니다(그림 1-40).

시제품을 소량만 생산해서 잘 만들어지는지 확인하고, 샘플을 몇 사람에게 사용하게 해서 반응을 확인하는 등 소규모 환경에서 검증한 후 효과를 얻을 수 있을 것 같다고 판단되면 실제 비즈니스를 시작합니다.

작게 시작해서 조금씩 확장한다 //////////////////////////////////////

PoC처럼 작게 시작해서 수요에 따라 규모를 확장하는 것을 **스몰 스타트**라고 합니다. 사업을 시작할 때 진입장벽이 낮아지고, 변경이나 실패 시의 리스크를 최소화할 수 있다는 장점이 있습니다.

예를 들어, 새로운 툴을 도입할 때 특정 부서부터 시도해 보고, 사용하는 부서를 조금씩 늘려가는 방법이 있습니다. 툴 외에도 원격근무 등 새로운 업무 처리방식을 도입할 때 부서 단위로 시도하고, 제품을 제조할 때 특정 공장에서만 시도하는 방법을 생각해 볼 수 있습니다(그림 1-41).

단, **데이터 분석에서는 스몰 스타트가 어려울 수도 있습니다.** 소량의 데이터로 분석해서 좋은 결과를 얻어도 데이터가 많아지면 잘 적용되지 않는 경우가 있기 때문입니다. 그 밖에도 소수 인원으로 분석을 시작하려고 해도 원하는 데이터가 없어 시작하지 못하는 경우도 있습니다.

그림1-40 검증 후 진행하는 PoC

기존의 진행 방식

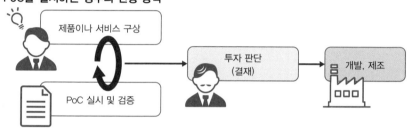

PoC를 실시하는 경우의 진행 방식

그림1-41 스몰 스타트의 이미지

서서히 범위를
넓혀간다

Point

✔ 새로운 제품이나 서비스를 만들기 전에 검증하는 방법을 PoC라고 한다.
✔ 작은 범위에서 시작해 점차 넓혀가는 방법을 스몰 스타트라고 하는데, 데이터 분석
에서는 좋은 결과를 얻지 못하는 경우도 있다.

≫ 계속해서 개선해 간다

PDCA와 OODA

데이터를 분석할 때 한 번에 모든 게 잘 되는 것은 아닙니다. 대부분 수정을 반복하면서 더 좋은 결과를 얻을 수 있도록 조정합니다.

이러한 작업을 지속적으로 반복하면서 개선하는 것은 품질 관리나 업무 개선에 자주 사용되는 **PDCA 사이클**과 같다고 할 수 있습니다. PDCA는 Plan(계획), Do(실행), Check(확인), Act(개선)의 머리글자를 딴 말로, 가설과 검증을 반복함으로써 품질을 향상하는 것을 의미합니다(그림 1-42).

PDCA 사이클과 유사한 것으로는 **OODA 루프**가 주목받고 있습니다. Observe(관찰), Orient(방향설정), Decide(의사결정), Act(행동)의 머리글자를 따서 만든 말로, PDCA와 마찬가지로 지속적으로 반복하지만 속도감 있게 스스로 판단하고 행동하기 위한 프레임워크입니다. 상황이 급변하는 가운데, 자신의 생각을 통해 행동을 변화시키고 결과를 만들어 낼 수 있도록 의식을 고취시킵니다. 빅데이터 등 데이터를 분석할 때 PDCA 사이클을 돌리는 것도 중요하지만, **계획부터 개선까지 시간이 걸리지 않고 빠르게 판단할 수 있도록** 하는 OODA 루프도 중요한 개념입니다.

피드백 사이클

데이터 분석에서 좋은 결과가 나왔다고 해서 실제로 비즈니스에 적용했을 때 반드시 성과가 좋은 것은 아닙니다. 이론적으로는 문제가 없어도 현실에서는 성과가 나지 않을 수도 있습니다.

현장이나 고객 등으로부터 피드백(반응이나 지적, 평가, 의견)을 받아 개선을 반복하는 프로세스를 **피드백 사이클**이라고 합니다(그림 1-43). 처음부터 완벽한 결과를 제공할 수는 없기 때문에 **초기에 분석 결과 등을 제공하고 피드백을 받아 개선할 필요가 있습니다.**

그림1-42 개선을 위한 PDCA 사이클

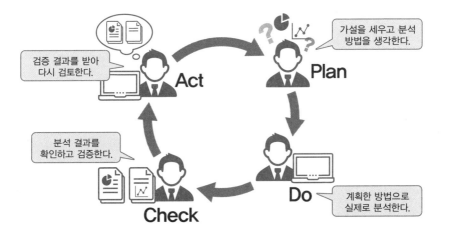

그림1-43 다양한 피드백

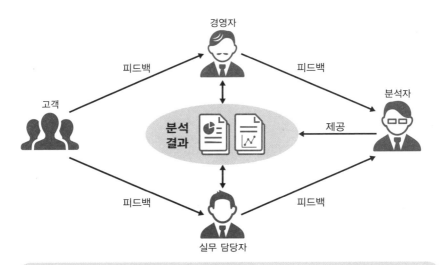

Point

✔ 가설과 검증을 반복하면서 품질을 높이는 사이클을 가리켜 PDCA 사이클이라고 하며, 최근에는 OODA 루프도 주목받고 있다.

✔ 다양한 피드백을 받아 개선을 반복하는 것을 피드백 사이클이라고 한다.

≫ 목표를 결정하고 전략적으로 진행한다

수치로 평가하기 위한 지표

데이터를 분석할 때 데이터를 무작정 수집하거나 목적도 없이 분석을 하는 것은 의미가 없으며 **명확한 목표를 가지고 진행할 필요가 있습니다.** 웹사이트를 운영하는 목적은 최종적으로 상품을 판매하거나 문의를 받는 것입니다. 이를 위해 필요한 데이터를 수집하고 개선하기 위해 분석합니다.

성과 등을 느낌으로 평가하면 사람에 따라 판단이 달라질 수 있으므로 수치를 사용한 평가 지표가 필요합니다. 자주 사용되는 지표로는 **KPI**$^{\text{Key Performance Indicator}}$가 있고 핵심 성과 지표라는 뜻입니다.

웹 사이트의 경우 페이지 뷰^{PV}나 전환률^{CVR} 등의 수치 목표가 사용됩니다. 기준이 명확하고 기한 내에 달성할 수 있는 수치 목표를 KPI에 설정함으로써 설정한 기한까지의 달성 정도를 시각화할 수 있습니다(그림 1-44).

조직의 목표를 설정한다

KPI는 개별 업무의 지표로서 유용하지만, 예를 들어 페이지뷰가 아무리 많아져도 **실제 상품 판매나 문의로 이어지지 않으면 의미가 없습니다.** KPI는 어디까지나 부서 단위의 목표 달성 과정에서 진행 상황을 파악할 때 사용하는 지표일 뿐, 전사적인 목표가 아닙니다.

비즈니스 웹사이트 운영에서는 매출이나 수익률과 같은 지표를 늘릴 필요가 있습니다. 조직 전체의 지표로는 **KGI**$^{\text{Key Goal Indicator}}$가 자주 사용됩니다. KGI는 핵심 목표 지표라는 뜻으로 기업의 경영 이념과 미래 비전을 기반으로 설정됩니다. KGI를 달성하기 위해 조직 내 개별 업무에서 KPI 목표를 정합니다.

실제로 비즈니스를 성공시키기 위한 조건을 **KSF**$^{\text{Key Success Factor}}$라고 하며 핵심 성공 요인이라는 뜻입니다. 예를 들어, 매출을 올리기 위해 객단가나 구매자 수를 늘리는 것을 들 수 있습니다(그림 1-45).

그림1-44 KPI에 요구되는 SMART

Specific
(구체성)

구체적이고 명확한가

달성했는지 정량적으로
측정할 수 있는가

Measurable
(측정가능성)

달성기한이
정해져 있는가

Time-bound
(기한성)

현실적으로
달성할 수 있는가

조직 목표와
합치하는가

Relevant
(관련성)

Achievable
(달성가능성)

그림1-45 KPI와 KSF, KGI의 관계

KGI	KSF	KPI
매출목표	객단가를 올린다	연간경상수익 (ARR)
		구매품수
	구매자 수를 늘린다	페이지뷰 (PV)
		구매전환율 (CVR)
		이탈률

Point

✔ PV나 CVR 등의 목표 수치로 성과를 평가하는 지표를 KPI라고 한다.
✔ 조직 전체로서의 성과를 판단하는 지표를 KGI라고 한다.

≫ 데이터에 관련된 사람을 파악한다

누가 어떻게 관련되는지 이해한다 \\

데이터를 분석할 때는 **그 분석 결과가 어떻게 사용될 것인지 의식할 필요가 있습니다**. 예를 들어, 분석 결과를 모델화해 컴퓨터가 처리할 것인지, 분석 결과 보고서를 작성해 경영자 등이 단시간에 파악할 수 있도록 출력할 것인지에 따라 분석 내용이 달라집니다.

분석을 시작한 당시와 실제 사용하는 단계에서는 그 결과를 사용하는 사람이 달라질 수도 있습니다. 처음에는 컴퓨터의 처리 편의성을 중심으로 분석했는데, 도중에 그 분석 결과를 경영진에게 보여주는 것으로 변경된다면 작업량도 분석에 드는 비용도 달라집니다.

누가 어떻게 사용하고 시스템으로서 어떤 기능을 갖게 할 것인지를 뜻하는 용어로 **유스케이스**가 있습니다. 객체지향 설계에서 많이 사용하는 UML에서는 유스케이스 다이어그램을 그리기도 하는데, 시스템 내부와 외부의 경계를 명확히 함으로써 시스템화할 범위를 결정함과 동시에 누가 어떻게 시스템을 사용할 것인지 파악할 수 있습니다(그림 1-46).

관련된 사람에 맞춰 대응을 생각한다 \\

시스템에 관련된 사람을 파악할 때 이해관계자 또는 당사자라는 의미의 **스테이크홀더**stakeholder라는 용어를 사용합니다. 데이터 분석 등의 프로젝트에서도 해당 프로젝트에 영향을 미치는 사람을 파악하면 영향의 범위를 확인할 수 있습니다.

각 스테이크홀더가 프로젝트에 협조적인지, 중립적인지, 대립적인지에 따라 분석에 사용할 수 있는 데이터의 질과 양이 달라지고, 출력하는 분석 결과에 대해서도 긍정적인 의견과 부정적인 의견을 얻을 수 있는지가 달라집니다.

스테이크홀더를 고려해 중간 과정 보고 등을 하면서 데이터 분석과 같은 프로젝트를 진행해야 합니다(그림 1-47).

그림 1-46 유스케이스를 그림으로 표현한다

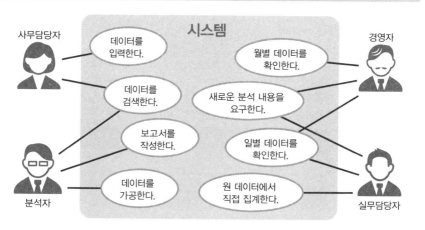

그림 1-47 스테이크홀더에 맞는 정보를 제공한다

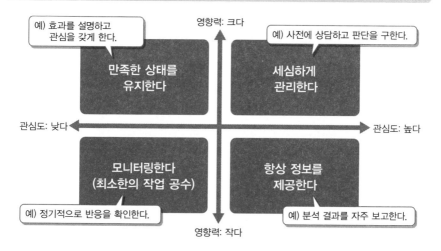

데이터가 사용되는 사례를 조사해 보자

평소에는 별로 의식하지 못하지만, 세상 곳곳에서는 데이터가 활용되고 있습니다. 자신이 속한 조직뿐만 아니라 일상 생활, 인터넷 등 편리한 세상을 실현하기 위해 어떤 데이터가 저장되고 어떤 목적으로 활용되는지 알아봅시다.

회사 내부나 학교 내부 등 조직 내에서 사용되는 데이터

장소	데이터 내용	목적
예) 사내	고객관리 시스템	상품 발송, DM 발송 등

일상 생활 속에서 사용되는 데이터

장소	데이터 내용	목적
예) 신호	교통량	신호를 바꾸는 타이밍 제어

인터넷에서 사용되는 데이터

장소	데이터 내용	목적
예) 환승안내	거리 · 요금	최단 경로나 최저요금 경로 산출 등

데이터의 기본

데이터 표현 방법과 읽는 법

Data Science

≫ 데이터 종류

언어를 수치로 변환한다 \\\

컴퓨터로 데이터를 분석할 때, '맛있다'나 '키가 크다'와 같은 감각적인 **언어가 아니라 수치로 표현**해야 합니다. 입수한 데이터가 언어인 경우, 수치로 변환해야 합니다. 변환 방법은 데이터 종류에 따라서 달라집니다(그림 2-1).

설문 조사에서 성별이나 혈액형을 다룰 때는 '0: 남성', '1: 여성', '1: A형', '2: B형', '3: O형', '4: AB형' 등으로 표현합니다. 이때 숫자의 순서는 의미가 없으며 다른 값이라도 상관없습니다. 이러한 척도를 **명목 척도**라고 합니다.

점포나 제품의 평판을 다룰 때는 '5: 매우 좋음', '4: 좋음', '3: 보통', '2: 나쁨', '1: 매우 나쁨'처럼 숫자를 붙여서 나타냅니다. 이때는 숫자 크기가 중요하며, 이러한 척도를 **서열(순서) 척도**라고 합니다.

수치 데이터로 비교한다 \\\

서열 척도에서는 순서에 의미가 있지만, 간격은 제각각입니다. 문장에서 '1: 매우 나쁨'과 '2: 나쁨', '3: 보통'과 '4: 좋음'의 간격은 같은 1이지만, 응답자는 그 차이가 같은지 알 수 없습니다. 하지만 기온이라면 '21℃'와 '22℃', '5℃'와 '6℃'의 간격은 같은 1℃입니다. 이처럼 간격에 의미가 있는 척도를 **등간(간격) 척도**라고 합니다.

여기서 기온 '1℃'와 '2℃', '10℃'와 '20℃'를 비교해 보겠습니다. 1℃와 2℃를 비교하면 2배이지만 체감상으로는 크게 다르지 않습니다. 하지만 10℃와 20℃에서는 큰 차이를 보입니다. 반면 길이의 경우 1cm와 2cm라면 2배이고, 10cm와 20cm도 같은 2배입니다. 이러한 척도를 **비례 척도**나 **비율 척도**라고 합니다.

일반적으로 명목 척도와 서열 척도를 **질적 변수**, 등간 척도와 비례 척도를 **양적 변수**라고 합니다. 척도에 따라 그래프를 그릴 때 종류가 달라지는 경우가 있으므로 주의해야 합니다(그림 2-2).

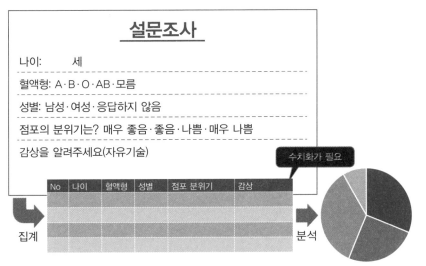

그림 2-1 설문조사와 집계

Chapter

2

데이터의 기본

설문조사

나이: 세

혈액형: A·B·O·AB·모름

성별: 남성·여성·응답하지 않음

점포의 분위기는? 매우 좋음·좋음·나쁨·매우 나쁨

감상을 알려주세요(자유기술)

수치화가 필요

No	나이	혈액형	성별	점포 분위기	감상

집계

분석

그림 2-2 질적 변수와 양적 변수로 그리는 그래프의 차이

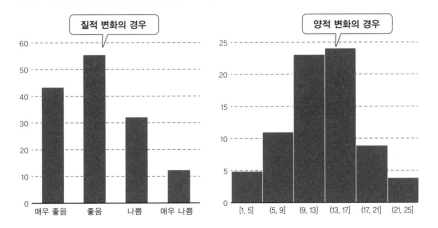

질적 변화의 경우

양적 변화의 경우

Point

✔ 데이터를 분석하기 위해서는 수치화할 필요가 있으며, 그 데이터의 내용에 따라 질적 변수나 양적 변수로 나뉜다.

✔ 질적 변수와 양적 변수에 따라 그리는 그래프의 종류 등이 바뀐다.

≫ 데이터를 범위로 나눈다

데이터 분포를 조사한다 //

많은 데이터가 주어졌을 때, 데이터를 보는 것만으로는 특징을 파악하는 데 시간이 오래 걸립니다.

주어진 데이터가 양적 변수인 경우, 데이터 분포를 파악할 때 자주 이용되는 것이 **도수분포표**입니다(그림 2-3). 도수분포표를 만들기 위해서는 데이터를 몇 개 구간으로 나누고, 각 구간에 들어가는 데이터의 개수를 조사합니다. 이 구간을 **계급**class이라고 하며, 각 계급에 들어가는 데이터의 개수를 **도수**frequency라고 합니다.

이 계급 구간의 폭을 **계급의 크기**class interval라고 하며, 그 범위 설정에 따라 도수분포표에서 받는 인상이 달라집니다. **계급의 크기가 커도 작아도 안 되지만, 직관적으로 이해하기 쉬운 값을 사용해야 합니다.** 계급의 크기를 결정할 때 참고하는 것으로 '스터지스Sturges 공식'이 있는데, 데이터가 n개일 때 계급의 수를 $1+\log_2 n$으로 구하는 방법입니다.

예를 들어 행정 구역별 인구, 면적 등의 데이터라면 자치단체의 수는 총 47개로 $1+\log_2 47=6.55$가 되므로 계급 수는 7개 정도로 나누는 것이 좋다고 판단할 수 있습니다.

데이터 분포를 그래프처럼 표현한다 //

도수분포표를 바탕으로 그래프처럼 표현한 것을 **히스토그램**이라고 합니다. 가로축에 계급을, 세로축에 도수를 표현한 것으로 계급을 작은 쪽부터 순서대로 나열합니다(그림 2-4).

히스토그램에서 다루는 데이터는 양적 변수이고 연속적인 수치이므로, 이웃하는 막대 사이에 간격을 두지 않고 나열하는 것이 일반적입니다.

도수가 적은 경우 여러 계급을 묶어서 표현하기도 하지만, 계급의 크기를 변경하고 그대로 히스토그램으로 만들면 높이가 달라져 오해 소지가 있습니다. 이런 경우는 가로 크기를 2배로 하고 높이를 절반으로 하는 등의 방법을 사용합니다.

그림 2-3 도수분포표 작성

나이 데이터

80	62	80	35	41	62	72	47	68	78
84	19	58	48	33	92	73	96	96	32
34	54	24	14	28	83	86	96	91	71
63	61	47	33	54	89	78	75	71	59
70	25	44	75	75	7	87	27	72	18
85	85	22	58	9	81	17	17	31	93
68	72	36	19	31	70	60	33	86	34

도수분포표

나이	데이터 수
0세~9세	2
10세~19세	6
20세~29세	5
30세~39세	10
40세~49세	5
50세~59세	5
60세~69세	7
70세~79세	13
80세~89세	11
90세~	6

계급   도수

그림 2-4 히스토그램(그림 2-3의 데이터)

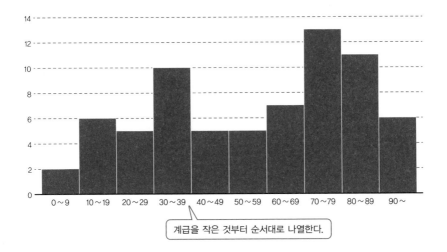

계급을 작은 것부터 순서대로 나열한다.

Point

✔ 양적 변수의 데이터 분포를 파악하기 위해 도수분포표나 히스토그램을 작성한다.

✔ 계급의 크기를 바꾸면 도수분포표가 달라지기 때문에 적절한 계급의 크기를 설정할 필요가 있다.

≫ 그래프를 구분해 사용한다

양을 비교하는 그래프를 그린다 〰〰〰〰〰〰〰〰〰〰〰〰〰〰〰

도수분포표는 양적 변수에 대해 사용하고, 그 도수분포표를 바탕으로 히스토그램을 그렸습니다. 반면에 질적 변수에 대한 데이터 수를 나타내는 그래프를 그릴 때는 **막대 그래프**를 사용합니다.

막대 그래프는 막대의 길이로 숫자를 표현하는 방법이고, 길이가 길수록 값이 크다는 것을 뜻하므로 **데이터의 수량이나 크기 등 "양"을 비교하기에 적합한 그래프**입니다. 연소득별 인구나 시험 분류별 응시자 수 등을 나타내기 위해 사용됩니다. 양을 나타내기 위해 세로축은 0부터 시작하도록 합니다. 또한 그림 2-5와 같이 여러 계열을 나열할 수도 있습니다.

외관을 꾸미고 싶을 때는 데이터 내용에 맞는 아이콘 등을 막대 그래프에 사용하는 경우도 있습니다. 예를 들어, 인구를 나타낼 때는 사람 아이콘, 자동차 생산 대수를 나타낼 때는 자동차 아이콘 등을 넣어 단조로운 표현을 피할 수 있습니다.

변화를 비교하는 그래프를 그린다 〰〰〰〰〰〰〰〰〰〰〰〰〰〰〰

마찬가지로 데이터의 개수나 양을 표현하는 경우에도 **시계열에 따른 '변화'를 전달하고 싶을 때**는 수치를 점으로 표시하고 이를 직선으로 연결한 **꺾은선 그래프**를 사용하면 이해하기 쉽게 표현할 수 있습니다.

매일, 매월, 매년 등 시간의 흐름에 따라 관측되는 데이터를 시계열 데이터라고 합니다. 일반적으로 왼쪽에서 오른쪽으로 시간이 흐르도록 가로축을 잡고, 그 수치가 나타내는 값을 선으로 연결해 그립니다.

꺾은선 그래프는 변화에 주목하므로 세로축을 0부터 시작하지 않아도 괜찮습니다. 단, 변화를 너무 강조해 잘못된 인상을 주지 않도록 주의해야 합니다. 예를 들어, 그림 2-6은 같은 데이터를 나타내지만 가로축과 세로축의 간격을 바꾼 것만으로도 그래프 형태에서 받는 인상이 크게 달라집니다.

그림 2-5 '양'을 비교하기 쉬운 막대 그래프

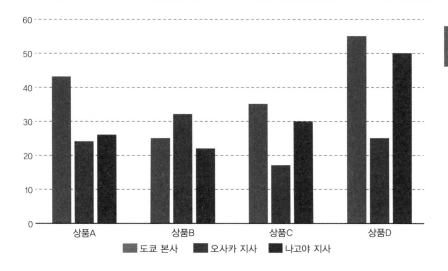

도쿄 본사   오사카 지사   나고야 지사

그림 2-6 '변화'를 전달하기 쉬운 꺽은 선 그래프

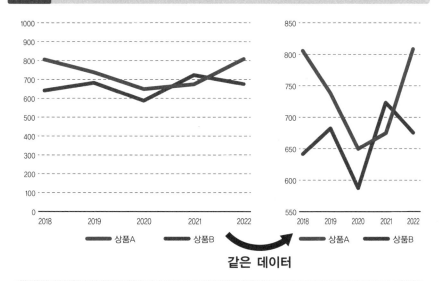

같은 데이터

Point

✔ 막대 그래프는 질적 변수의 양을 나타낼 때 사용한다.

✔ 꺾은선 그래프는 시계열에 따른 변화를 표현할 때 사용한다.

» 비율을 나타내는 그래프

비율을 비교하는 그래프를 그린다 //

양을 표현할 때는 막대 그래프, 변화를 표현할 때는 꺾은선 그래프를 사용하지만, 전체에서 차지하는 '비율'을 그래프로 표현하고 싶을 때도 있습니다. 예를 들어, **전체를 100으로 했을 때 해당 항목이 차지하는 비율을 표현**할 때는 **원 그래프**가 편리합니다 (그림 2-7).

매출에서 각 상품이 차지하는 비율을 나타내는 구성비나 업계 내에서 자사가 차지하는 점유율 등 비즈니스 현장에서 자주 사용됩니다. 부채꼴의 중심각 크기로 표현하기 때문에 전체에서 차지하는 비율이 클수록 그래프 면적이 커집니다.

시작 위치를 위쪽(시계 12시 방향)에서 시작해 시계방향으로 큰 순서대로 나열하는 것이 일반적입니다.*

엑셀 등에서는 3D 원형 그래프도 쉽게 만들 수 있지만, 앞쪽의 항목이 차지하는 면적이 커져서 데이터를 정확하게 표현한다고는 할 수 없으므로 주의가 필요합니다.

복수의 축으로 비율을 비교한다 //

복수 데이터의 비율을 비교하고 싶을 때 여러 개의 원 그래프를 나열해 비교할 수도 있지만, 데이터 수가 증가하면 원 그래프로 판단하기가 어려워집니다.

이런 경우에 자주 사용되는 것이 **띠 그래프**입니다. 막대 그래프처럼 길이로 표현하며, 전체에서 차지하는 비율로 나타냅니다. 전체를 100%로 표현하기 때문에 **시간에 따른 변화에서도 구분선의 상하 이동을 살펴 해당 변화를 알기 쉽게 표현할 수 있습니다.**

이때 값의 크기와 상관없이 데이터 순서를 변경하지 않고 나열하는 것이 중요합니다. 그림 2-8의 경우에는 아래에서부터 순서대로 A사, B사, 기타로 나열했습니다.

---

* 시작 위치를 오른쪽(시계 3시 방향)에서 시작해 반시계 방향으로 정렬하는 경우도 많다.

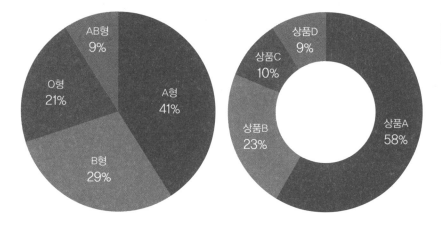

그림 2-7 '비율'을 알기 쉬운 원 그래프

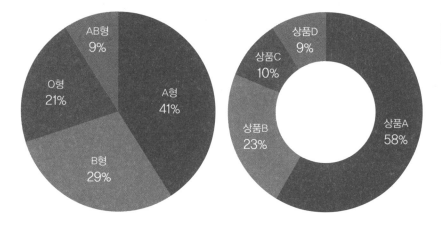

AB형
9%

O형
21%

A형
41%

B형
29%

상품D
9%

상품C
10%

상품A
58%

상품B
23%

Chapter
2

데이터의 기본

그림 2-8 '복수 데이터'를 비교하기 쉬운 띠 그래프

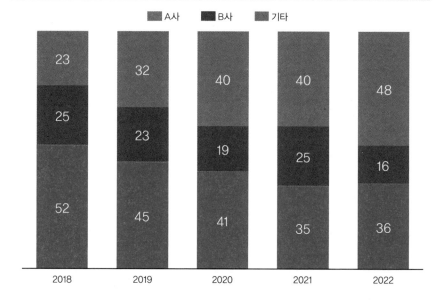

■ A사   ■ B사   ■ 기타

	2018	2019	2020	2021	2022
기타	23	32	40	40	48
B사	25	23	19	25	16
A사	52	45	41	35	36

Point

✔ 원 그래프는 전체에 차지하는 비율을 표현할 때 사용한다.

✔ 띠 그래프는 복수의 데이터에 대해 전체에 차지하는 비율을 비교할 때 사용한다.

» 복수 데이터를 하나의 그래프로 표현한다

복수의 축으로 양을 비교하는 그래프를 그린다 //////////////////////////////

시계열이 아닌 여러 축으로 동시에 양을 비교해 균형을 확인하고 싶을 때는 **레이더 차트**가 편리합니다(그림 2-9).

표시하고자 하는 항목 수만큼 정점이 있는 정다각형을 그리고, 각 정점에 항목을 할당합니다. 중심에서 각각의 정점까지 선으로 연결하고 중심을 0으로 한 눈금을 매깁니다.

이 눈금에 대응하는 값 부분을 선으로 연결하면 다각형이 완성됩니다. 값이 크면 다각형이 커지고, 값이 작으면 다각형이 작아집니다. 완성된 그림이 정다각형에 가까우면 항목의 값이 균형을 이루고 있다고 판단할 수 있습니다.

값이 클수록 바깥쪽으로 넓어지기 때문에 **값이 작을수록 좋은 항목이라면 데이터를 변환해야 합니다.** 예를 들어, 랭킹 등의 순위나 100m 달리기 기록 등의 경우를 생각해 볼 수 있습니다.

복수의 축으로 데이터의 분포를 그린다 //////////////////////////////

히스토그램으로 데이터 분포를 표현할 수 있었지만, 이는 하나의 축만 표현할 수 있습니다. 시계열로 분포가 변화하거나 복수의 축으로 분포를 비교할 수는 없습니다.

이러한 경우에 사용하는 것이 **상자 수염 그림**이고, 길쭉한 네모 상자 위아래에 선을 그립니다(그림 2-10). 상자 수염 그림을 그릴 때는 데이터를 작은 순으로 정렬하고 그 개수를 4등분합니다. 작은 값부터 세어 전체의 1/4에 해당하는 값을 제1사분위수, 전체의 한 가운데 값을 제2사분위수, 전체의 4분의 3에 해당하는 값을 제3사분위수라고 합니다. 데이터가 11개 있는 경우 3번째, 6번째, 9번째가 해당됩니다. 그리고 최솟값부터 최댓값의 범위까지 위아래로 선을 늘려 그려 나갑니다.

주가 등을 나타내는 캔들스틱 차트와 비슷하지만 그리는 방식이 다르므로 주의가 필요합니다.

그림 2-9　레이더 차트

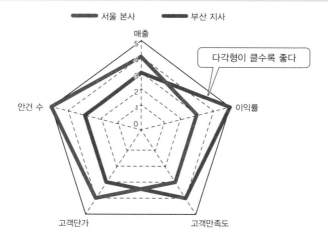

그림 2-10　상자 수염 그림

앱 사용일수(1개월)

Word	Excel	PowerPoint
1	1	2
3	1	3
5	3	3
6	4	5
7	6	8
10	7	10
12	7	11
15	8	13
18	8	14
20	10	15
21	13	17

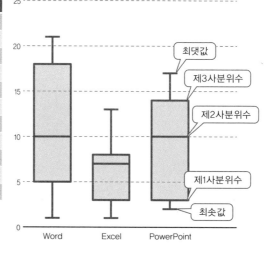

Point

✔ 레이더 차트는 복수의 축으로 동시에 양을 비교하고 싶을 때 사용한다.

✔ 상자 수염 그림은 시계열에 따른 분포 변화나 여러 축에서의 분포를 비교할 때 사용한다.

≫ 데이터의 기준을 만드는 값

데이터 전체에서 한 가운데 값 \\

도수분포표나 히스토그램을 만들면 데이터 분포를 파악할 수 있는데, 도표가 주는 인상은 사람마다 다릅니다. '맛있다', '키가 크다'와 같은 모호한 단어를 수치화한 것처럼 그래프 등의 도표도 수치화하면 좋을 것입니다.

데이터가 많이 주어졌을 때 데이터 분포를 수치로 표현하기 위해서 **대푯값**(그 데이터를 대표하는 값)을 사용합니다. 자주 사용되는 대푯값의 예로 **평균**(또는 평균값)을 들 수 있습니다. 평균은 전체 합계를 데이터 수로 나누어 구할 수 있습니다(그림 2-11).

평균은 많은 사람들이 알고 있어 편리한 값이지만, **데이터에 따라서는 직관과 다른 값이 산출**되는 경우가 있습니다. 예를 들어, 그림 2-12처럼 데이터 분포에 편향된 극단적인 값이 있으면 평균이 중앙에서 벗어나게 됩니다.

그래서 특정 값보다도 아래인 데이터 수와 위인 데이터 수가 같아지는 값을 사용하는데, 이를 **중앙값**median이라고 합니다. 이름 그대로 '데이터 중앙에 있는 값'으로, 모든 데이터를 값이 작은 것부터 큰 것까지 순서대로 나열했을 때, 정확히 전체의 절반이 되는 값입니다. 데이터가 홀수 개일 때는 작은 순서대로 정렬한 가운데 값이 중앙값이 되고, 짝수 개일 때는 중앙에 가까운 두 데이터의 평균이 중앙값이 됩니다. **중앙값은 편향된 값이 하나 추가되어도 크게 달라지지 않습니다**. 이런 특성을 **완건성**이라고 합니다.

많이 나타나는 값 \\\

데이터 중에서도 가장 많이 등장하는 값을 **최빈값**mode이라고 합니다(그림 2-13). 최빈값은 반드시 하나로 정해지는 것은 아니며, 동일한 빈도로 나타나는 값이 여러 개 있다면 모두 최빈값입니다.

도수분포표나 히스토그램에서 최빈값을 생각할 경우는 해당 계급 크기의 한 가운데 값을 최빈값으로 합니다. 이 경우, 계급의 크기를 변경하면 데이터가 동일하더라도 최빈값이 변경될 수 있음에 주의해야 합니다.

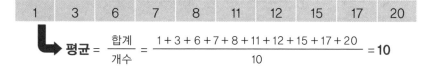

그림 2-11   평균을 계산한다

| 1 | 3 | 6 | 7 | 8 | 11 | 12 | 15 | 17 | 20 |

$$\text{평균} = \frac{\text{합계}}{\text{개수}} = \frac{1+3+6+7+8+11+12+15+17+20}{10} = 10$$

그림 2-12   데이터 분포에 편향이 있는 경우의 평균과 중앙값

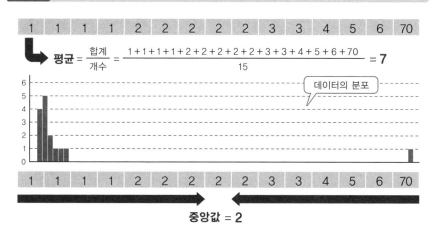

| 1 | 1 | 1 | 1 | 2 | 2 | 2 | 2 | 2 | 3 | 3 | 4 | 5 | 6 | 70 |

$$\text{평균} = \frac{\text{합계}}{\text{개수}} = \frac{1+1+1+1+2+2+2+2+2+3+3+4+5+6+70}{15} = 7$$

데이터의 분포

| 1 | 1 | 1 | 1 | 2 | 2 | 2 | 2 | 2 | 3 | 3 | 4 | 5 | 6 | 70 |

중앙값 = 2

그림 2-13   최빈값

| 1 | 1 | 1 | 1 | 2 | 2 | 2 | 2 | 2 | 3 | 3 | 4 | 5 | 6 | 70 |

데이터	1	2	3	4	5	6	70
횟수	4	5	2	1	1	1	1

최빈값 = 2

Point

✔ 평균은 전체 합계를 데이터 개수로 나누어 구한다.

✔ 중앙값은 데이터를 나열했을 때 중앙에 있는 값이다.

✔ 최빈값은 데이터 중에서 가장 많이 등장하는 값이다.

>> 데이터의 분포 상태를 파악한다

데이터의 분산을 조사한다 ///

평균이나 중앙값을 사용해 수치화할 수 있지만, 평균이나 중앙값만 봐서는 데이터의 분포를 알 수 없습니다. 예를 들어, 그림 2-14의 데이터로 분포를 그려보면 겉보기에는 크게 달라보여도 평균과 중앙값은 모두 같습니다.

이러한 분포 상태를 수치로 파악하기 위해서는 **데이터가 얼마나 넓게 흩어져 있는지 수치화**할 필요가 있습니다. 다시 말해, 각각의 데이터가 평균에서 멀리 떨어져 있으면 커지고, 평균에 가까이 있으면 작아지는 지표가 필요합니다.

평균과의 차를 계산하면 평균보다 큰 데이터에서는 플러스 값이 평균보다 작은 데이터에서는 마이너스 값이 나옵니다. 이렇게 구한 편차 값을 제곱해 평균에서 멀리 떨어져 있을수록 값이 커지게 계산한 것이 **분산**입니다. 분산은 평균과의 차를 제곱하고 더한 후 데이터 개수로 나눈 값(편차 제곱의 평균)이고 그림 2-15처럼 계산합니다. 분산은 단독으로는 의미가 없으며, 여러 데이터의 분포 상태를 비교하기 위해 사용됩니다. 예를 들어, 한 학교에서 국어와 수학 시험을 실시했을 때 어느 쪽이 넓게 흩어져 있는지 알아보기 위해 분산을 계산하고 크기를 비교합니다.

단위를 맞춘다 ///

분산을 이용하면 흩어진 정도를 비교할 수 있지만, 제곱했기 때문에 단위가 달라집니다. 그래서 제곱을 되돌리기 위해 분산의 제곱근을 계산한 것을 **표준편차**라고 합니다. 예를 들어, 그림 2-15 상단의 분산은 4이므로 표준편차는 2이며, 그림 2-15 하단의 분산은 10이므로 표준편차는 $\sqrt{10} = 3.16\cdots$으로 계산할 수 있습니다.

표준편차도 분산과 마찬가지로 흩어진 정도를 나타내는 값이므로, 표준편차가 크면 넓은 범위로 흩어져 있고 작으면 좁은 범위로 흩어져 있다고 파악할 수 있습니다. 결국, 평균과 표준편차를 보면 **어떤 데이터가 평균 가까이에 있는지, 평균에서 멀리 떨어져 있는지 판단할 수 있습니다.**

그림 2-14 평균과 중앙값이 같다

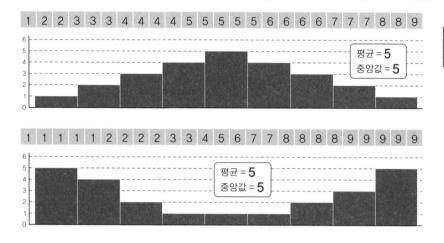

그림 2-15 분산의 계산

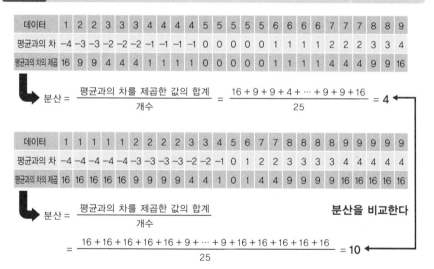

Point

✔ 분산은 평균에서 멀리 떨어져 있는 값이 커지도록 변환함으로써 데이터가 흩어져 있는 정도를 표현할 수 있다.

✔ 표준편차는 분산의 제곱근을 계산해서 구한다.

≫ 하나의 기준으로 판단한다

다른 종류의 데이터를 같은 지표로 비교한다 //////////////////////////////////

분산이나 표준편차로 데이터가 흩어진 정도를 파악할 수 있지만, 단위가 다를 경우 분산이나 표준편차로 비교할 수 없습니다. 예를 들어, 키 데이터의 단위를 cm에서 m로 바꾸면 값이 크게 바뀌며 분산이나 표준편차 값도 크게 달라집니다. 마찬가지로 10점 만점인 테스트와 100점 만점인 테스트는 데이터 값이 크게 달라집니다.

그래서, 단위가 다른 데이터나 만점이 다른 데이터를 손쉽게 비교할 수 있는 지표로서 **변동계수**를 이용합니다. 변동계수는 표준편차를 평균으로 나누어 계산할 수 있습니다. 그림 2-16처럼 단위를 변경한 같은 데이터에 대해 분산과 표준편차를 계산하면 완전히 다른 값이 나오지만, **변동계수는 단위와 관계없이 같은 값이 나옵니다.**

데이터를 변환해서 비교한다 //////////////////////////////////

변동계수는 전체에서의 분산 정도를 비교할 뿐이지만, **데이터 자체를 변환해서 단위를 맞추는 방법**도 있습니다. 주어진 데이터의 값을 변환해서 평균이 0, 분산이 1이 되도록 변환하는 방법을 **표준화**라고 합니다.

평균이 0이 되도록 변환하기 위해 먼저 각 데이터에서 평균을 뺍니다. 그리고 분산을 1(즉, 표준편차가 1)로 변환하기 위해 표준편차로 나눕니다. 다시 말해, 각 데이터에서 평균을 빼고 표준편차로 나누어 표준화합니다(그림 2-17).

표준화는 학교 시험 등에서 성적을 평가할 때 **편차값**으로 많이 사용됩니다. 편차값을 사용하면 시험의 만점이나 데이터의 흩어진 정도와 관계없이 각각 분포의 어느 부근에 있는지 판단할 수 있습니다.

이때 소수점 값은 직관적으로 이해하기 어려우므로 표준화한 값을 10배로 하고 50을 더한 값에서 소수점 이하를 반올림하거나 버림으로써 평균을 50, 표준편차를 10으로 변환한 정수를 사용합니다.

그림 2-16 비교하기 쉬운 변동계수

학생	A	B	C	D	E	평균	분산	표준편차	변동계수
신장(cm)	172	165	186	179	168	174	58	7.615773	0.04376881
신장(m)	1.72	1.65	1.86	1.79	1.68	1.74	0.0058	0.076158	0.04376881

cm의 경우 $\dfrac{7.615773\cdots\cdots}{174} = 0.04376881$

m의 경우 $\dfrac{0.076158\cdots\cdots}{1.74} = 0.04376881$

$$변동계수 = \frac{표준편차}{평균}$$

그림 2-17 표준화와 편차값 계산

학생	A	B	C	D	E	평균	분산	표준편차
신장(cm)	172	165	186	179	168	174	58	7.615773
신장(m)	1.72	1.65	1.86	1.79	1.68	1.74	0.0058	0.076158

표준화

예) $\dfrac{172-174}{7.615773} = -0.2626129$

학생	A	B	C	D	E	평균	분산	표준편차
표준화한 신장 (cm의 경우)	−0.2626129	−1.1817579	1.5756772	0.6565322	−0.7878386	0	1	1
표준화한 신장 (m의 경우)	−0.2626129	−1.1817579	1.5756772	0.6565322	−0.7878386	0	1	1

편차값을 계산

예) $50 - 0.2626129 \times 10 = \mathbf{47.37}$

학생	A	B	C	D	E	평균	분산	표준편차
편차값	47	38	65	56	42	50	100	10

Point

✔ 변동계수를 사용하면 단위가 다른 데이터라도 쉽게 비교할 수 있다.
✔ 표준화는 평균이 0, 분산이 1이 되도록 데이터를 변환하는 방법이다. 표준화를 활용한 것으로 편차값이 있다.

≫ 부적절한 데이터를 다룬다

많은 데이터와 다른 데이터를 발견한다 〉〉〉〉〉〉〉〉〉〉〉〉〉〉〉〉〉〉〉〉〉〉〉〉〉〉〉〉〉

히스토그램 등으로 그래프를 만들면 분포 형태를 한눈에 파악할 수 있습니다. 숫자만 봐선 알아차리기 어려운 특수한 데이터가 포함되어 있다면 바로 알아차릴 수 있습니다.

그림 2-18의 분포를 살펴보면 데이터 하나가 크게 벗어난 위치에 있음을 알 수 있습니다. 이처럼 대부분의 데이터와는 매우 다른 데이터를 **특이값**outlier이라고 하며, 특이값이 있으면 **분석 결과에 영향을 미칠 가능성이 있습니다.**

수작업으로 입력한 데이터라면 단순한 입력 실수일지도 모르고, 센서로 자동 수집한 데이터라면 측정에 뭔가 오류가 생겼을지도 모릅니다. 이런 데이터는 분석하기 전에 미리 제거하거나 값을 수정한 후에 분석해야만 합니다.

빠진 데이터를 조사한다 〉〉

데이터를 분석하기 전에 조사해야 하는 것은 특이값뿐만이 아닙니다. 예를 들어, 경기도에 있는 시(역주: 경기도에는 28개의 시가 있습니다) 데이터를 수집했는데, 데이터가 27건밖에 없다고 하겠습니다. 이 경우, 어느 중 한 곳의 데이터가 누락됐을 가능성이 있습니다.

또한, 시계열 데이터의 경우도 1시간마다 측정한 결과를 나열하면 어딘가 하나 빠진 데이터가 있을 수 있습니다. 데이터가 기록되긴 했지만, 'NULL'이나 'N/A'라는 값으로 기록되어 있는 경우도 있습니다.

이런 데이터를 **결측값**이라고 합니다. 측정하는 것을 잊어버렸거나 어떤 문제로 인해 측정하지 못했거나 설문조사에 적절한 응답이 없는 경우 등을 생각해볼 수 있습니다 (그림 2-19).

결측값이 있으면 데이터를 분석해도 올바른 결과를 얻을 수 없습니다.

해당 데이터를 제외하고 처리하는 방법도 있지만, 평균을 사용하거나 다중 대입법 등을 사용해 결측값을 보완하는 방법이 자주 사용됩니다.

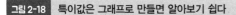
그림 2-18 특이값은 그래프로 만들면 알아보기 쉽다

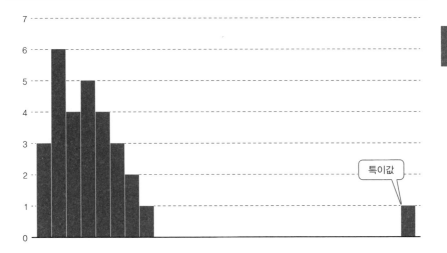

특이값

그림 2-19 결측값에 대처하는 예

날짜	최고기온	최저기온
2022-04-01	20도	12도
2022-04-02	18도	11도
2022-04-03	21도	14도
2022-04-04	22도	NULL
2022-04-05	21도	13도
2022-04-06	20도	13도
2022-04-07	23도	15도

결측값

평균으로 채우는 경우

$$\frac{12 + 11 + 14 + 13 + 13 + 15}{6} = 13$$

Point

✔ 특이값은 다른 데이터와 값이 크게 다른 데이터이고, 특이값을 제외하거나 값을 수정하지 않으면 분석 결과에 나쁜 영향을 미칠 가능성이 있다.

✔ 결측값이 있을 때는 다른 데이터를 이용해 보완하는 방법을 사용하기도 한다.

» 매출의 80%는 20%의 상품으로 구성된다?

파레토 법칙이란?

데이터를 볼 때, '전체의 80%가 20%의 요소에서 생산된다'와 같은 경험적 법칙을 **파레토 법칙**이라고 합니다(그림 2-20). '80%의 매출을 20%의 상품이 차지한다', '80%의 이익을 20%의 직원이 벌어들인다', '집에 있는 시간의 80%는 20%의 공간에서 보낸다'와 같은 상황을 우리 주변에서도 많이 찾아볼 수 있습니다.

이런 관계를 알고 있으면, 잘 팔리는 20%의 상품에 중점을 두고 홍보하거나 **특정 영역에 집중적으로 비용을 투입해 효과를 극대화**할 수 있습니다.

매출 순으로 셋으로 나눈다

파레토 법칙을 활용해서 인기 있는 제품 등에 우선순위를 매기는 분석을 **파레토 분석**이라고 하고, 이를 시각화한 그래프를 **파레토 차트**라고 합니다. 예를 들어, 상품별 매출액을 막대 그래프로 그린다고 가정해 보겠습니다. 이렇게 작성된 막대 그래프 위에 누적 백분율을 꺾은선 그래프로 나타내면 파레토 차트가 됩니다(그림 2-21).

완성된 차트에서 누적 백분율에 따라 A, B, C 세 그룹으로 나누기 때문에 파레토 분석을 **ABC 분석**이라고도 합니다. 일반적으로 누적 백분율이 70%까지의 상품을 A그룹, 70%에서 90%까지의 상품을 B그룹, 90%가 넘는 상품을 C그룹으로 분류합니다.

A그룹으로 분류된 상품은 매출의 대부분을 차지하므로 적극적으로 홍보하고 품절이 발생하지 않도록 주의합니다. 반면에 C그룹 상품은 전체에서 차지하는 비중이 적으므로 수익성이 높은 다른 상품으로 대체하거나 판매 중단을 검토합니다.

일반 점포에서는 재고를 보관할 장소와 진열 공간의 한계로 인해 위와 같은 전략을 사용하지만, 온라인 쇼핑 사이트에서는 C그룹 상품의 매출을 누적해서 큰 매출로 이어지게 하는 **롱테일**이라는 개념도 있습니다.

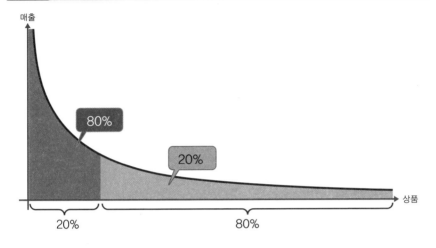

그림 2-20 파레토 법칙

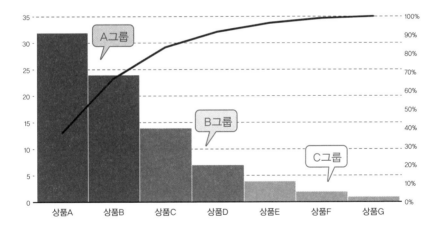

그림 2-21 파레토 차트

Point

✔ 파레토 법칙은 우리 주변에서도 많이 볼 수 있다.

✔ 파레토 차트를 이용해 누적 백분율에 따라 인기 상품 등을 판단하는 방법으로 ABC
분석이 있다.

✔ 잘 팔리지 않는 상품이라도 누적시켜 큰 매출로 연결하는 마케팅 기법을 롱테일이
라고 한다.

>> 시각적으로 표현한다

데이터를 이해하기 쉽게 표현하려면? 〰〰〰〰〰〰〰〰〰〰〰〰〰〰〰〰〰〰〰〰〰

지금은 정보 과잉의 시대라고 해도 좋을 만큼 정보가 지나치게 많아 인간의 처리 능력이 따라가지 못하는 상황입니다. 빅데이터를 파악하려고 해도 원시 데이터를 보고 이해하기란 도저히 불가능합니다.

정보를 파악할 때는 오감을 활용하게 되는데, 컴퓨터나 스마트폰 등의 단말기로 가장 쉽게 전달할 수 있는 감각은 시각일 것입니다. 따라서 **방대한 데이터를 시각적으로 표현하고, 알기 쉽게 전달할 수 있는 방법이 요구됩니다.**

데이터를 시각적인 수단으로 효과적으로 전달하는 방법을 **데이터 시각화**data visualization라고 합니다. 예를 들면, **히트맵**처럼 열화상 카메라의 온도 분포에 색을 입히는 방법이 있습니다(그림 2-22). 웹브라우저를 보는 사람의 시선 움직임을 조사해 오랜 시간 주목하는 부분을 파악할 수 있다면 웹사이트 개선으로 이어질 수 있을 것입니다. 마우스의 움직임이나 스크롤 상황 등으로 측정하는 방법이 많이 사용됩니다.

단순히 그래프로 나타내는 방법을 넘어서 한 걸음 더 나아가 아름다운 형태로 좀더 알기 쉽게 전달하기 위해 스토리성이 있는 표현(스토리텔링)을 사용하기도 합니다.

문자 데이터를 시각화한다 〰〰〰〰〰〰〰〰〰〰〰〰〰〰〰〰〰〰〰〰〰〰〰〰〰〰〰〰〰

수치화할 수 있는 데이터가 아닌 예로는 텍스트를 시각화하는 방법을 들 수 있습니다. 텍스트에서 빈번하게 등장하는 단어를 선택하고, 등장하는 빈도가 높은 단어일수록 큰 글씨로 표시하는 방법을 **워드 클라우드**word cloud라고 합니다(그림 2-23).

생성된 워드 클라우드를 보면 해당 텍스트의 주제나 개념 등이 드러납니다. 일기 등을 월 단위 또는 연 단위로 집계해 보면, 해당 기간별 관심사를 파악할 수도 있습니다. 뉴스를 집계해 시간에 따라 움직이면 사회 변화가 보이기도 합니다. 워드 클라우드를 이용하면 텍스트를 일일이 읽지 않아도 대략적으로 주제를 파악할 수 있어 편리합니다.

그림 2-22 히트맵 이미지

파란색 부분, 색이 짙은
부분을 오래 보고 있다.

그림 2-23 워드 클라우드의 예

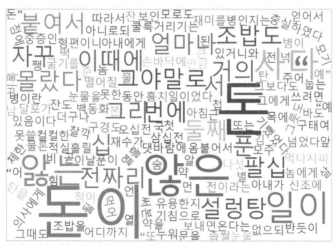

※ '운수 좋은 날' (현진건 저)을 바탕으로 작성

Point

✔ 분석 결과를 사람이 이해하기 쉽게 전달하기 위해 시각화하는 것을 데이터 시각화
라고 한다.

✔ 워드 클라우드를 사용하면 문장 중에서 출현 빈도가 높은 단어를 파악할 수 있다.

2-12

BI 툴, OLAP

>> 누구나 데이터를 분석할 수 있는 편리한 도구

데이터에 기반한 의사결정을 지원한다 //

기업 등 조직에는 방대한 양의 데이터가 축적되어 있지만, 누구나 이를 분석할 수 있는 기술이 있는 것은 아닙니다. 분석 전문가가 아닌 이상 엑셀로 수집한 데이터를 정리하는 정도가 고작인 경우가 대부분입니다. 엑셀로 정리하는 데도 많은 시간이 필요합니다. 분석 기법을 학습하는 데 시간을 투자하기보다 본업에 전념하는 쪽이 더 유익한 경우도 많습니다.

이런 가운데서도 **데이터 분석 결과를 쉽게 확인할 수 있는 수단이 있다면 데이터에 기반해서 판단을 내릴 수 있을 것입니다.** 분석 결과가 그래프나 도표를 이용한 보고서 형태로 출력되어 있다면, 전문적인 분석 기술이 없어도 데이터를 파악할 수 있습니다.

데이터 분석을 효율화하고 경영자나 현장의 의사결정을 돕는 도구로 **BI 툴**이라는 것이 있습니다. BI는 Business Intelligence의 약자로 조직이 가진 데이터를 수집 및 가공해서 비즈니스에 활용하는 것을 말합니다(그림 2-24).

최근 BI 툴에는 매출 분석, 예산 관리, 경영 분석 등 다양한 템플릿이 제공되고 있어 데이터를 입력하기만 하면 어느 정도 자동으로 분석할 수 있도록 되어 있습니다.

실시간으로 데이터를 분석한다 //

BI 툴을 사용해도 처리에 시간이 오래 걸리면 의미가 없습니다. 그러므로 원하는 정보를 신속하게 분석해 표시해줄 필요가 있습니다. 이를 위해 대부분의 BI 툴에는 온라인 분석 처리를 지원하는 **OLAP** Online Analytical Processing 기능이 포함되어 있습니다.

여기서 '온라인'은 실시간을 의미하고, 많은 데이터를 조합해 신속하게 분석하고 결과를 빠르게 표시하는 기능을 가리킵니다. 또한 일반적으로 다차원 데이터베이스에 대한 분석을 의미합니다(그림 2-25).

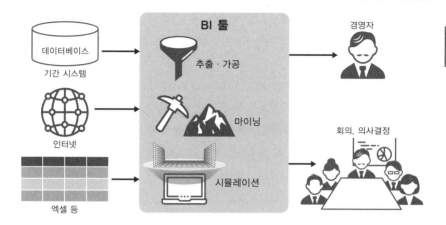

그림 2-24 의사결정을 돕는 BI 툴

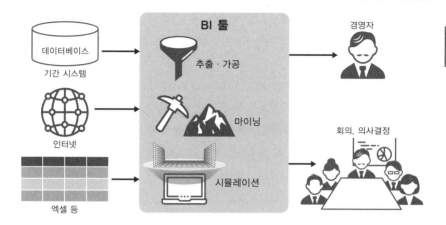

그림 2-25 OLAP를 이용한 다차원 분석

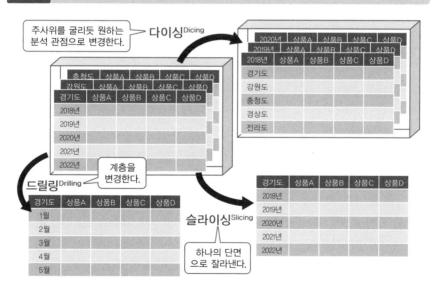

Point

✔ BI 툴을 이용하면 데이터 추출, 가공, 데이터 마이닝 등의 처리를 자동으로 실행할 수 있고, 경영자나 현장 담당자의 의사결정에 도움을 준다.

✔ OLAP를 이용해 다양한 관점에서 데이터를 파악할 수 있다.

» 데이터를 통합 관리한다

데이터를 저장한다

BI 도구로 데이터를 분석하려고 해도 데이터가 뿔뿔이 흩어져 있으면 분석을 할 수 없습니다. **분석할 데이터는 한곳에 모아서 저장**해 둘 필요가 있습니다.

분석을 위해 정리한 데이터를 저장해 두는 곳으로 **DWH**가 있는데, **데이터 웨어하우스** Data WareHouse의 약자입니다. DWH에 있는 데이터는 스타 스키마라는 데이터 구조로 구성되어 있고, 이를 BI 툴이 집계해서 분석 결과를 표시합니다(그림 2-26).

DWH에는 정리된 데이터만 저장할 수 있습니다. 분석에서 사용되는 상황을 고려해 분석에 필요한 데이터만 저장합니다. 하지만 조직에서 다루는 데이터의 종류는 매우 다양합니다. 분석에 사용하지 않는, 정리되지 않은 데이터라도 일단 저장해 두고 싶은 데이터도 있을 것입니다.

이럴 때 데이터를 저장해 둘 수 있는 곳으로 **데이터 레이크** data lake가 있습니다. 데이터 레이크는 말 그대로 데이터 호수라는 뜻으로, 용량이나 비용에 신경 쓰지 않고 분석에 사용될 만한 데이터를 저장하는 곳입니다. 필요에 따라 데이터 레이크의 내용을 가공해서 DWH로 옮기는 것입니다.

데이터를 활용한다

DWH는 정리한 데이터를 저장해 두는 장소이지만, 사용 목적은 정해져 있지 않습니다. BI 툴 등으로 DWH에 저장된 데이터를 다양한 목적으로 사용할 수 있습니다.

반면에, 특정 목적을 위해 필요한 데이터만을 저장한 것을 **데이터 마트**라고 합니다. 특정 부서에서만 사용하는 데이터라면 데이터 내용이나 항목을 좁혀서 분석하기 쉽게 저장하는 것이 편리합니다. 그러므로 DWH와 분리해 데이터 마트를 생성하거나 부서별로 데이터 마트를 생성하는 식으로 사용됩니다(그림 2-27).

그림 2-26 데이터 웨어하우스에서 사용하는 스타 스키마

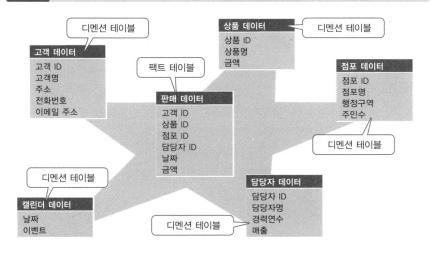

그림 2-27 데이터 레이크, 데이터 웨어하우스, 데이터 마트의 관계

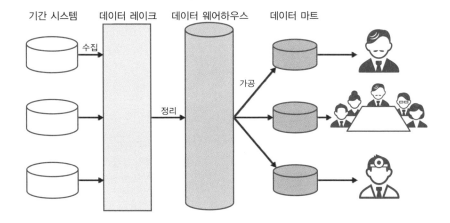

Point

✔ DWH는 분석에 사용할 데이터를 저장하는 장소이며 스타 스키마라는 데이터 구조
로 구성된다.

✔ 다양한 시스템의 데이터를 데이터 레이크에 일단 저장하고 분석에 사용할 데이터
를 DWH로 투입한다. 목적에 맞게 가공된 데이터를 데이터 마트에 저장한다.

2-14 ETL, EAI, ESB

» 데이터 연계를 고려한다

데이터를 자동으로 변환한다

DWH에 데이터를 투입하려면 기간 시스템 등이 보유한 데이터를 정리해야 합니다. 이 작업에 사용되는 툴을 **ETL**이라고 부릅니다. ETL은 Extract(추출), Transform(변환 및 가공), Load(저장)의 머리글자를 딴 용어로, **다수의 정보원으로부터 데이터를 추출, 변환, 통합**하는 데 사용됩니다(그림 2-28).

각 정보원으로부터 변환하는 프로그램을 독자적으로 만들 수도 있지만, 그렇게 할 경우 프로그래밍 기술뿐만 아니라 데이터에 관한 자세한 지식도 필요합니다. 그러나 ETL 툴을 사용하면 GUI 화면으로 작업할 수 있으며 개발 기간을 단축할 수 있습니다. 누구나 손쉽게 변환 작업을 할 수 있는 장점이 있는 반면에, 각각의 시스템에서 독립적으로 처리하기 때문에 전체적으로 최적화가 되지 않는 단점도 있습니다.

애플리케이션 간에 데이터를 주고받는다

ETL과 유사한 기술로 기업 내 애플리케이션을 통합하는 **EAI**Enterprise Application Integration와 **ESB**Enterprise Service Bus가 있습니다.

EAI는 데이터 포맷을 변환하는 기능을 이용해 여러 시스템을 연계하고 애플리케이션 간에 데이터를 주고받는 것을 말합니다.

ESB는 서비스끼리 결합해 새로운 애플리케이션을 구축하는 것입니다. EAI가 애플리케이션 간에 집중해서 처리하는 반면, ESB는 분산된 서비스를 연계해서 전체적으로 하나의 애플리케이션으로 처리하는 특징이 있습니다.

또한 ETL은 데이터베이스 간 변환을 담당하고, EAI나 ESB는 애플리케이션 간 변환을 담당합니다. ETL은 대량의 데이터를 일괄적으로 변환하는 경우가 많고, EAI나 ESB는 소규모 데이터를 필요한 시점에 실시간으로 변환하는 방식이 일반적입니다.

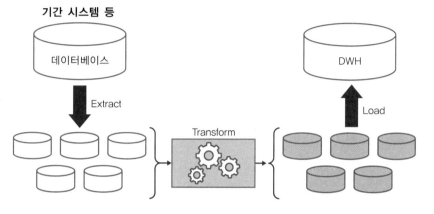 그림 2-28 데이터를 변환하고 통합하는 ETL

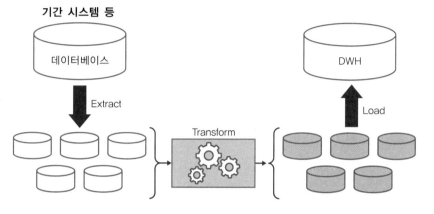

기간 시스템 등

데이터베이스

Extract

Transform

DWH

Load

그림 2-29 EAI와 ESB

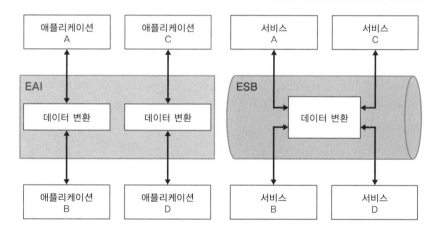

애플리케이션 A

애플리케이션 C

서비스 A

서비스 C

EAI

데이터 변환

데이터 변환

ESB

데이터 변환

애플리케이션 B

애플리케이션 D

서비스 B

서비스 D

Point

✔ ETL 툴의 등장으로 다양한 정보원으로부터 데이터를 변환하고 통합하는 작업이 쉬워졌다.

✔ EAI나 ESB를 사용하면 데이터베이스 변환이 아니라 애플리케이션 연계 관점에서 데이터를 다룰 수 있다.

✔ EAI나 ESB는 필요할 때 실시간으로 데이터를 변환하는 방식으로 많이 사용된다.

≫ 데이터 구조를 시각화한다

데이터베이스 구조를 다이어그램으로 표현한다 〟〟〟〟〟〟〟〟〟〟〟〟〟〟〟〟〟〟〟〟

조직 내에서 많은 데이터가 데이터베이스에 저장되어 있는 경우, 어디에 어떤 데이터가 있는지 알아둘 필요가 있습니다. 이때 **누가 보더라도 데이터베이스 구조를 쉽게 파악할 수 있도록 다이어그램으로 표현하는 방법**을 생각해 볼 수 있습니다.

하나의 데이터베이스에는 여러 개의 테이블(표)을 저장할 수 있는데, 이때 테이블 간의 관계를 표현하는 방법으로 **ER 다이어그램**이 있습니다. ER 다이어그램은 Entity(테이블 등)와 Relationship(테이블 간의 관계)의 머리글자를 따서 만든 다이어그램입니다.

그림 2-30에서는 회원이나 상품, 주문과 같은 Entity에 대해 한 명의 회원이 여러 개의 주문을 한다, 하나의 주문에는 여러 개의 상품이 있다와 같은 Relationship을 나타내고 있습니다.

또한, 데이터가 시스템 안에서 어떻게 흘러가는지를 나타내는 다이어그램으로는 **DFD** Data Flow Diagram가 있습니다. 단순한 그림으로 데이터 흐름을 파악할 수 있으므로, 회사 내에 어떤 데이터베이스가 있고 어떤 시스템이 연계되어 있는지 확인하기 위해 사용됩니다(그림 2-31).

데이터에 대한 권한이나 조작 내용을 표로 만든다 〟〟〟〟〟〟〟〟〟〟〟〟〟〟〟〟〟〟〟〟

데이터베이스에서 각 테이블의 관계와 시스템 사이의 데이터 흐름을 이해했다면, 누가 어떤 권한을 가지고 있는지 파악해야 합니다. 이때 Create(생성), Read(참조), Update(갱신), Delete(삭제)에 대한 권한과 조작 유무를 정리한 표를 각각의 머리글자를 따서 **CRUD 표** 또는 **CRUD 다이어그램**이라고 합니다(그림 2-32).

어떤 데이터가 어떤 처리에서 생성되거나 갱신되는지 알면 프로그램 개발 단계에서 사양이 누락되더라도 알아차리기 쉽고, 유지보수 단계에서 수정 사항을 빠트리는 일을 줄일 수 있습니다.

그림 2-30 ER 다이어그램의 예

그림 2-31 DFD의 예

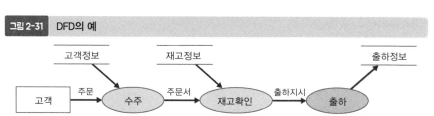

그림 2-32 CRUD 표의 예

	고객 마스터				상품 마스터				주문 마스터			
	C	R	U	D	C	R	U	D	C	R	U	D
고객 등록	○											
고객 검색		○								○		
고객 갱신			○									
고객 삭제				○						○		
상품 등록					○							
상품 검색						○				○		
상품 갱신							○					
상품 삭제								○		○		
주문 등록	○				○				○			
주문 검색	○				○					○		
주문 삭제	○				○							○

Point

✔ ER 다이어그램으로 데이터베이스에서 테이블 간 관계를 표현할 수 있다.
✔ DFD로 시스템 사이의 데이터 흐름을 그림으로 표현할 수 있다.

≫ 데이터베이스를 설계한다

데이터베이스의 테이블을 사용하기 쉽게 분할한다 ⫼⫼⫼⫼⫼⫼⫼⫼⫼⫼⫼⫼⫼⫼⫼⫼⫼⫼⫼⫼⫼⫼⫼⫼

데이터베이스를 만들 때 테이블에 어떤 항목을 넣을지 생각할 필요가 있습니다. **한 테이블에 여러 종류의 데이터를 집어넣게 되면, 조합해서 분석하기가 곤란하고 등록 이나 갱신이 어려워집니다.**

그래서 데이터베이스를 설계할 때는 어떤 테이블에 어떤 항목을 넣는 것이 효율적일 지 고려해야 합니다. 예를 들어, 그림 2-33과 같은 데이터를 저장할 경우 어떻게 구 성하면 좋을지 생각해 보겠습니다.

엑셀처럼 하나의 테이블에 모든 항목을 넣으면 검색이나 갱신 등의 효율이 떨어집니 다. 예를 들어, 그림 2-33의 테이블에서 만약 총무부라는 부서명을 변경하면 총무부 소속 직원의 데이터를 모두 갱신해야 합니다.

또한, 가족명으로 검색을 하려면 가족1, 가족2, 가족3이라는 각각의 열에 대해 검색 해야 합니다. 당연히 가족 수로 집계하려고 해도 쉽지 않은 일입니다.

그래서 데이터의 중복을 없애고 검색과 갱신, 추가, 삭제를 효율적으로 하기 위해 그 림 2-34처럼 테이블을 분할해 **정규화**합니다. 이렇게 하면 부서명이 바뀌더라도 부 서 테이블만 갱신하면 되고, 가족 수를 직원 단위로 집계하는 것도 간편해집니다.

성능을 우선해서 결합한다 ⫼⫼⫼

한편으로, 정규화하면 여러 테이블을 결합해서 결과를 표시해야 하는 경우가 많아져 오히려 처리하는 데 시간이 걸리는 경우도 있습니다. 만약 추가나 갱신, 삭제가 거의 발생하지 않고 검색 결과로 목록만 표시하는 상황이 많을 때는 그림 2-33과 같은 테 이블 구성이 더 나을 수도 있습니다. 이처럼 정규화에 반대되는 조작을 **비정규화**라고 합니다.

그림 2-33 정규화 전에는 데이터가 효율적으로 저장되어 있지 않다

사원번호	사원명	부서명	가족1	가족2	가족3
000001	오창석	총무부	영희	일남	이남
000002	박지윤	총무부	철수	영진	
000003	양재호	인사부	해린	해진	
000004	김선아	인사부			
000005	이은혜	경리부	주현		

그림 2-34 정규화하면 데이터를 관리하기 쉬워진다

사원번호	사원명	부서 코드
000001	오창석	001
000002	박지윤	001
000003	양재호	002
000004	김선아	002
000005	이은혜	003

가족 코드	사원번호	가족명
0001	000001	영희
0002	000001	일남
0003	000001	이남
0004	000002	철수
0005	000002	영진
0006	000003	해린
0007	000003	해진
0008	000005	주현

부서코드	부서명
001	총무부
002	인사부
003	경리부

Point

✔ 데이터베이스를 정규화하면 검색, 갱신, 추가, 삭제 등을 효율적으로 할 수 있다.

✔ 테이블을 정규화해도 여러 테이블을 결합할 수 있다.

✔ 검색 결과 목록 표시 등을 많이 사용할 경우에는 비정규화가 효과적인 경우도 있다.

≫ 종이에 인쇄된 데이터를 가져온다

종이 자료에서 문자를 텍스트로 추출한다 //

컴퓨터로 문장을 처리하기 위해서는 텍스트 데이터가 필요합니다. 하지만 인쇄된 자료를 받았거나 스캐너로 읽은 이미지 데이터 파일만 있는 상황도 생각해 볼 수 있습니다.

이런 경우에 문장을 처리하려면, 우선 이미지 데이터를 텍스트로 변환해야 합니다. 이때 수작업으로 키보드를 두드려 텍스트 데이터를 입력할 수도 있겠지만, 이미지 데이터에 포함된 문자를 자동으로 인식할 수 있으면 편리할 것입니다.

이때 사용되는 장치로 **OCR**이 있습니다. OCR은 Optical Character Reader의 약자로 광학식 문자 판독장치 또는 단순히 문자인식으로 줄여 부르기도 합니다(그림 2-35). 영어의 경우는 알파벳과 숫자로 구성되고 단어 사이에 공백도 있기 때문에 최근에는 비교적 높은 정확도로 인식할 수 있습니다. 하지만, 사람이 봐도 앞뒤 문맥을 이해하지 못하면 판단할 수 없는 언어도 많기 때문에 **100%에 가까운 정확도 구현은 아직 먼 이야기가 될 것 같습니다.**

마크를 판독한다 //

OCR과 마찬가지로 기계로 마크를 인식하는 장치로 **OMR**이 있습니다. Optical Mark Reader의 약자로 광학식 마크 판독장치라고 합니다. 대학수학능력시험 등 시험에서 많이 사용되며, 색이 칠해진 위치를 기계적으로 판정하는 방식입니다. 마크 위치만 조사하므로 **판독률이 높아 거의 100%에 가까운 정확도로 판독할 수 있습니다**(그림 2-36).

대량의 데이터를 정확하게 입력하기 위해서는 기계적으로 처리할 수 있어야 하고 높은 정확도로 빠르게 판독할 수 있는 환경이 요구됩니다. OMR은 종이와 연필만 있으면 별다른 기술이 필요하지 않은데다가 저렴하게 준비할 수 있어 설문조사나 시험 등에서 많이 사용됩니다.

그림 2-35 문자를 판독하는 OCR

종이 자료   스캐너   이미지 파일   문서 파일

그림 2-36 마크를 판독하는 OMR

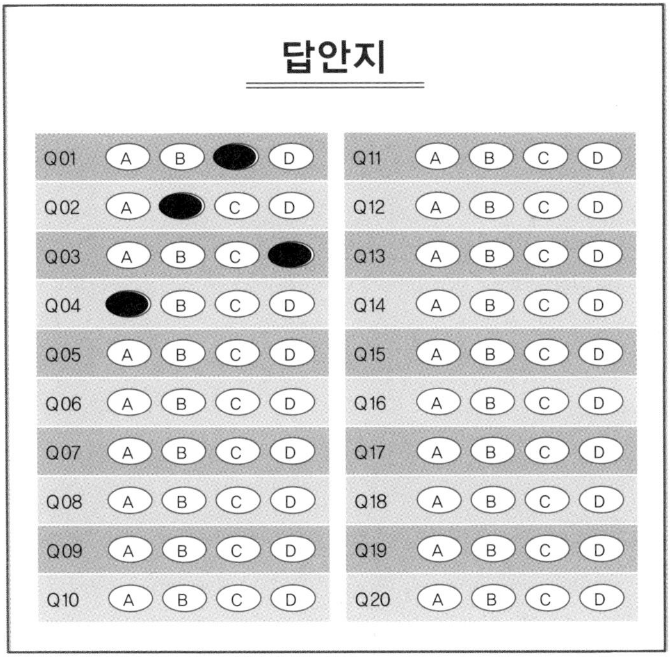

답안지

Q01	Ⓐ	Ⓑ	●	Ⓓ	Q11	Ⓐ	Ⓑ	Ⓒ	Ⓓ
Q02	Ⓐ	●	Ⓒ	Ⓓ	Q12	Ⓐ	Ⓑ	Ⓒ	Ⓓ
Q03	Ⓐ	Ⓑ	Ⓒ	●	Q13	Ⓐ	Ⓑ	Ⓒ	Ⓓ
Q04	●	Ⓑ	Ⓒ	Ⓓ	Q14	Ⓐ	Ⓑ	Ⓒ	Ⓓ
Q05	Ⓐ	Ⓑ	Ⓒ	Ⓓ	Q15	Ⓐ	Ⓑ	Ⓒ	Ⓓ
Q06	Ⓐ	Ⓑ	Ⓒ	Ⓓ	Q16	Ⓐ	Ⓑ	Ⓒ	Ⓓ
Q07	Ⓐ	Ⓑ	Ⓒ	Ⓓ	Q17	Ⓐ	Ⓑ	Ⓒ	Ⓓ
Q08	Ⓐ	Ⓑ	Ⓒ	Ⓓ	Q18	Ⓐ	Ⓑ	Ⓒ	Ⓓ
Q09	Ⓐ	Ⓑ	Ⓒ	Ⓓ	Q19	Ⓐ	Ⓑ	Ⓒ	Ⓓ
Q10	Ⓐ	Ⓑ	Ⓒ	Ⓓ	Q20	Ⓐ	Ⓑ	Ⓒ	Ⓓ

Point

✔ OCR을 사용하면 이미지로 된 문자를 인식하고 텍스트 데이터로 추출할 수 있다.

✔ OMR을 사용하면 OMR 카드에 표시한 위치를 기계적으로 판정할 수 있다.

≫ 높은 정확도로 데이터를 빠르게 가져온다

인쇄된 데이터를 기계적으로 판독한다

계산대에서 상품을 계산할 때, 상품에 붙어 있는 **바코드**를 읽는 방법을 많이 사용합니다. 바코드는 흰색과 검은색 선이 교대로 인쇄된 표식으로, 바코드 리더로 읽으면 상품 코드 등의 숫자 데이터를 가져올 수 있습니다(그림 2-37).

POS 단말기는 바코드에서 상품 정보 등을 가져오면서 동시에 판매 데이터로 기록합니다. 또한, 재고 관리를 위해 재고 조사를 할 때도 바코드를 이용하면 신속하게 현재 재고를 확인할 수 있습니다.

바코드에는 체크 디지트로 불리는 검사용 데이터가 추가되어 있어 **잘못 인식되는 일은 거의 없습니다**. 단, 바코드의 경우 저장할 수 있는 데이터 양이 적다는 단점이 있습니다.

종이에 많은 정보를 담는다

일반 바코드에는 숫자 정보만을 담을 수 있지만, 2차원 바코드에는 문장이나 URL 등을 기록할 수도 있습니다. 대표적인 2차원 바코드에는 **QR 코드**가 있습니다. 인쇄물 등에 2차원 바코드가 인쇄되는 경우가 증가하고 있으며, 스마트폰에 있는 카메라로 읽을 수 있습니다. 최근에는 전자화폐 결제에도 사용되고 있습니다.

태그를 읽어들인다

QR 코드는 카메라를 사용하지만, 스마트폰 등에 탑재된 **NFC**도 주목받고 있습니다. NFC는 Near Field Communication의 약자이며, 가까운 사용예로 교통 카드와 같은 전자 결제 시스템을 들 수 있습니다(그림 2-38).

또한, 재기록이 가능한 NFC 태그도 판매되고 있는데, 스마트폰으로 읽었을 때 자동으로 처리를 실행할 수 있습니다. 저비용으로 데이터를 주고받을 수 있기 때문에 포인트 카드나 스키장 리프트권, 호텔 객실 열쇠 등에도 NFC 태그가 사용됩니다.

그림 2-37 바코드와 체크 디지트

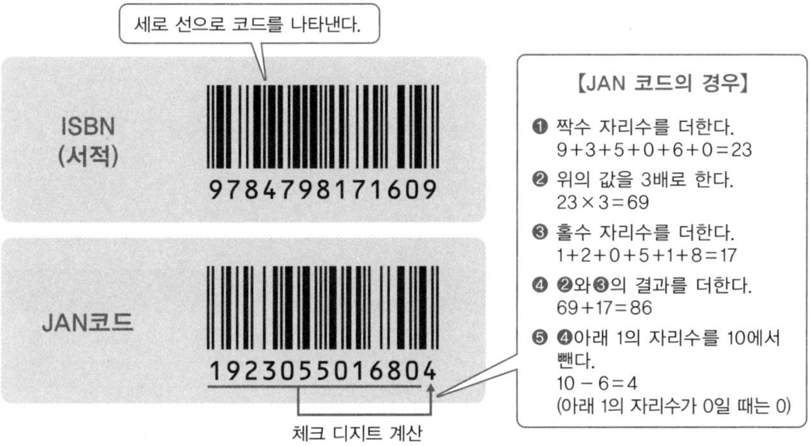

세로 선으로 코드를 나타낸다.

ISBN
(서적)

9784798171609

JAN코드

1923055016804

체크 디지트 계산

【JAN 코드의 경우】

❶ 짝수 자리수를 더한다.
9+3+5+0+6+0=23

❷ 위의 값을 3배로 한다.
23×3=69

❸ 홀수 자리수를 더한다.
1+2+0+5+1+8=17

❹ ❷와❸의 결과를 더한다.
69+17=86

❺ ❹아래 1의 자리수를 10에서
뺀다.
10 − 6 = 4
(아래 1의 자리수가 0일 때는 0)

그림 2-38 NFC의 이용

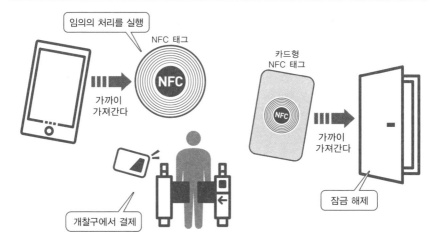

임의의 처리를 실행

NFC 태그

가까이
가져간다

개찰구에서 결제

카드형
NFC 태그

가까이
가져간다

잠금 해제

Point

✔ 바코드를 사용하면 상품 코드 등을 읽을 수 있다.

✔ QR 코드를 사용하면 문장이나 URL 등 숫자 이외의 문자도 표현할 수 있고, 최근에
는 전자 화폐 결제에도 사용된다.

2장에서는 다양한 그래프를 소개했습니다. 예를 들어 '양'을 표현하고 싶을 때는 막대 그래프, '변화'를 표현하고 싶을 때는 꺾은선 그래프, '비율'을 표현하고 싶을 때는 원 그래프 등을 사용합니다. 하지만 그래프 선택 방법에 정답은 없습니다. 예를 들어 다음과 같은 데이터가 있다고 가정해 봅시다.

2024년 정보처리기술자시험 응시자수

응용정보기술자	IT 전략가	시스템 아키텍트	네트워크	IT 서비스 매니저
49,171명	6,378명	5,369명	13,832명	2,851명

이 데이터를 봤을 때, 양을 전달하고 싶다면 막대 그래프를 선택하고 전체에서 차지하는 비율을 전달하고 싶다면 원 그래프를 사용합니다. 즉, 어떤 그래프를 선택하든 상관없습니다. 중요한 것은 '무엇을 전달하고 싶은가'입니다. 예를 들어, 위 데이터에서 양을 전달하고 싶을 때 막대 그래프를 선택하지만, 단순히 막대 그래프만 그려서는 무엇을 전달하고 싶은지 명확히 알 수 없습니다.

만약 'IT 전략가 응시자 수가 증가해서 시스템 아키텍트를 넘어섰다'는 사실을 전달하고 싶다면, 아래 그림처럼 색을 바꾸거나 말풍선을 넣어 주석을 추가하는 방법이 효과적일 수 있습니다.

가지고 있는 다양한 데이터를 활용해 그래프를 만들어 보고 어떻게 하면 잘 전달할 수 있을지 생각해 보세요.

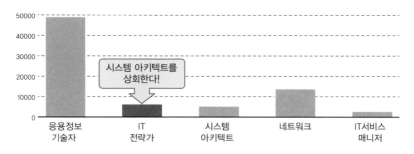

데이터 처리와 활용

데이터를 분류하고 예측한다

Data Science

≫ 가져오는 타이밍에 따라 달라지는 데이터

등간격으로 기록해서 변화를 조사한다 \\\

시간의 흐름에 따라 관측되는 데이터를 **시계열 데이터**라고 합니다. 주가 추이, 기온 변화, 체중 증감 등을 **같은 조건으로 정기적으로 측정을 반복해서 시시각각 변화하는 데이터**를 기록할 수 있습니다(그림 3-1).

데이터를 시계열로 나열하면, 과거의 변화를 파악할 수 있을 뿐만 아니라 향후 변화 예측에도 활용할 수 있어 편리합니다. 데이터에 중복이나 누락이 발생하면 바르게 분석할 수 없기 때문에 가능한 한 자동으로 기록하는 시스템이 필요합니다.

시계열 데이터를 나열했을 때 장기적으로 나타나는 변화를 **트렌드**라고 합니다. 장기적인 변화를 보면, 세부적인 변화가 있어도 상승 트렌드나 하락 트렌드와 같은 대략적인 경향을 파악할 수 있습니다.

시계열 데이터를 획득하다 보면 기기 고장 등으로 원래 정보와는 관계없는 오차가 발생할 수 있습니다. 이러한 불필요한 정보를 **노이즈**라고 합니다. 노이즈가 있으면 분석에 영향을 미칠 수 있으므로 가능한 한 분석 전에 제거해야 합니다.

비슷한 변화에 주목한다 \\\

계절마다 매년 비슷한 변화를 반복하는 사례는 많습니다. 예를 들어, 업종별 매출액을 생각해 보면 일본의 경우 정보서비스업이나 부동산 관련 업종은 회계연도 말인 3월에, 숙박업은 8월에 매출이 많다는 것을 쉽게 상상할 수 있습니다.

실제로 통계청이 발표하는 '서비스산업 동향 조사'의 매출 데이터를 살펴보면, 업종별로는 매년 비슷한 시기에 비슷한 매출을 기록한다는 것을 알 수 있습니다(그림 3-2). 2020년, 2021년은 신종 코로나바이러스의 영향으로 숙박업과 음식점에서 큰 영향이 있었지만, 그밖에는 크게 영향을 받지 않은 것으로 보입니다. 이처럼 일정한 간격으로 같은 일이 여러 번 반복되는 경향을 **주기성**이라고 합니다.

그림 3-1　시계열 데이터의 예

주가 데이터(닛케이평균)

날짜	종가(엔)
2022-03-01	29663.50
2022-03-02	29408.17
2022-03-03	29559.10
2022-03-04	28930.11
2022-03-05	28864.32
2022-03-08	28743.25
…	…

기온 데이터(센서)

시각	기온(℃)
08 : 00 : 00	6.5
08 : 01 : 00	6.5
08 : 02 : 00	6.6
08 : 03 : 00	6.7
08 : 04 : 00	6.7
08 : 05 : 00	6.9
…	…

체중 데이터(건강검진)

연월일	체중(kg)
2017-07-02	72.5
2018-06-01	74.1
2019-06-15	71.8
2020-05-31	73.2
2021-07-08	75.1
2022-06-11	74.9
…	…

가능한 한 등간격으로 기록

Chapter 3

데이터 처리와 활용

그림 3-2　주기성

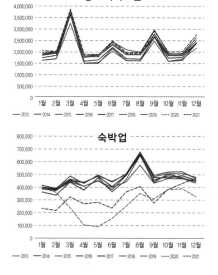

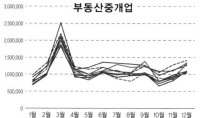

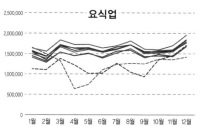

Point

✔ 시계열 데이터를 가능한 한 일정한 간격으로 기록함으로써 과거의 변화를 파악할 수 있을 뿐만 아니라 향후의 변화도 예측할 수 있다.

✔ 주기성을 조사함으로써 어떤 원인으로 다른 움직임을 보일 때 그 영향을 조사할 수 있다.

» 프로그램이 자동으로 출력하는 데이터

과거 행동을 기록한다 //

시계열로 출력되는 데이터 중에는 **로그**가 있습니다. 컴퓨터를 사용하다 보면 다양한 로그가 자동으로 출력됩니다. 예를 들어, 컴퓨터에 로그인하고 로그아웃한 기록, 웹 사이트에 접속하거나 메일을 주고받은 데이터 통신 기록 등 어떤 행동을 한 일시와 내용이 시간순으로 로그에 기록됩니다. '언제', '어디서', '누가', '무엇을' 했는지 모두 기록되므로 **로그는 문제가 발생했을 때 원인 규명에 도움이 됩니다.**

로그는 문제가 발생한 다음 사후 조사에만 사용되는 것이 아닙니다. 평상시 로그 상태를 파악해 두면 갑자기 로그 건수가 증가하거나 평소와 다른 내용이 기록되는 등의 이상 징후를 발견할 수 있습니다.

또한, 로그를 체크한다는 사실을 인식하게 함으로써 부정행위를 억제하는 효과도 있습니다. 외부 공격뿐만 아니라 내부의 범죄라도 로그를 감시한다는 것을 알게 되면 사람들은 주저하기 마련입니다(그림 3-3). 이상징후 탐지나 부정행위 방지에 사용하기 위해서는 실시간으로 로그를 확인하고 분석하는 시스템이 필요합니다.

컴퓨터의 현재 상황을 출력한다 ///

프로그램이 동작 중일 때 메모리 상태 등을 그대로 출력한 파일을 **덤프 파일**이라고 합니다. 프로그램이 비정상적으로 종료되거나 개발자가 처리 상황을 확인하고자 할 때 덤프 파일을 이용합니다. 데이터 분석에서는 데이터베이스 내용을 출력하기 위해 이용하기도 합니다(그림 3-4).

백업을 가져오거나 시스템을 이전할 때, 기존에 사용하던 데이터베이스 내용을 그대로 덤프 파일로 출력해 새로운 데이터베이스에서 복원하는 것입니다. CSV 형식 등으로 출력하는 방법도 있지만, 덤프 파일을 이용하면 원활하게 시스템을 이전할 수 있습니다.

그림 3-3 | 로그의 역할

부정행위 방지	이상징후 탐지	사후조사
• 로그를 감시한다고 의식하면, 부정행위를 주저하므로 내부 범행을 억제할 수 있다.	• 평상시 로그를 확인해두면, 이상시 징후를 발견할 수 있다.	• 로그 분석을 통해 정확하고 빠르게 대처하고 복구할 수 있다.

그림 3-4 | 덤프파일의 역할

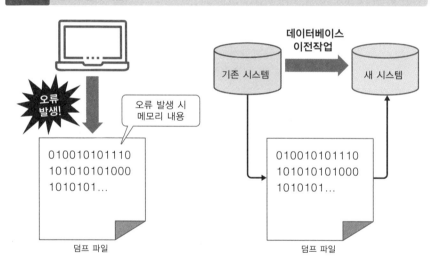

Point

✔ 로그에는 조작 일시, 통신 내용 등이 시간순으로 기록되어 있어 부정행위 방지, 이상징후 탐지, 사후조사 등에 활용할 수 있다.

✔ 덤프 파일을 이용해서 프로그램 처리 상황을 확인할 수 있으며, 데이터베이스 이전 등을 원활하게 진행할 수 있다.

≫ 장기간의 변화를 다룬다

기간을 이동하면서 평균을 계산한다 ////////////////////////////////

시계열 데이터를 그리는 등 '변화'에 초점을 맞출 때는 꺾은선 그래프를 사용했지만, 꺾은선 그래프로는 과거의 추이를 볼 수 있을 뿐입니다. 일정 기간 동안 비슷한 패턴이 반복되는 경우 주기성을 이용해서 미래를 예측할 수 있겠지만, 주기성이 없을 수도 있습니다.

여기서는 주기성이 없는 경우에 과거 데이터를 바탕으로 미래를 예측하는 방법을 설명합니다. 과거 데이터로 경향을 조사하는 방법으로 **이동평균**이 있는데, 이름 그대로 기간을 이동하면서 평균을 계산하는 방법입니다.

예를 들어, 1주일간의 평균 기온을 하루씩 시차를 두고 계산해 보겠습니다. 1월 1일부터 1월 7일까지 1주일간의 평균, 1월 2일부터 1월 8일까지 1주일간의 평균, 이렇게 기간을 이동하면서 평균을 구하고 평균의 경향을 조사합니다. 그리고 일정 기간의 평균을 선으로 이어 만든 그래프를 **이동평균선**이라고 합니다(그림 3-5).

주가의 경우 25일, 75일 등 여러 기간으로 이동평균선을 그립니다. 그림 3-6처럼 여러 기간별로 확인해 보면, 장기간의 이동평균선에서 변화가 완만하다는 것을 알 수 있습니다. 이처럼 **이동평균선을 통해 추세를 파악**할 수 있습니다.

최근 데이터를 중시해 평균을 계산한다 ////////////////////////////

이동평균은 과거 데이터를 사용한 것이고 오래된 데이터라 도움이 안 된다고 느낄 수도 있습니다. 최근 데이터를 참고하고 싶지만, 시간이 지날수록 가치가 없어질지도 모릅니다.

그래서 가장 최근 데이터를 중시하는 방법을 소개합니다. 최근 데이터를 주로 사용하되, 과거 데이터도 조금 가미하는 방법을 **가중이동평균**이라고 합니다. 예를 들면, 3일간의 이동 평균을 작성할 때 전날의 데이터는 3배, 전전날의 데이터는 2배, 그 전은 1배로 계산하고 전체를 6(=3+2+1)으로 나눕니다. 그러면 원래 그래프에 더 가까운 그래프가 완성됩니다.

그림 3-5 이동평균

날짜	기온	평균기온
1월1일	7.8℃	
1월2일	7.9℃	
1월3일	10.5℃	
1월4일	12.4℃	8.33℃
1월5일	8.7℃	8.57℃
1월6일	2.6℃	9.36℃
1월7일	8.4℃	
1월8일	9.5℃	
1월9일	13.4℃	

그림 3-6 구간이 다른 이동평균선

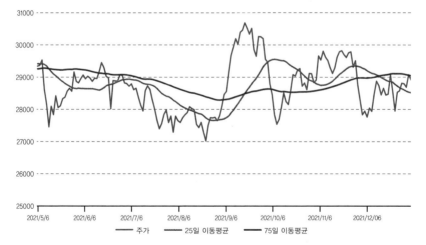

Point

✔ 이동평균을 사용하면 과거의 변화로 트렌드를 파악할 수 있다.

✔ 이동평균은 어디까지나 과거의 변화이지만, 최근 변화를 중시하는 가중이동평균을 사용하면 원래 그래프에 가까운 경향을 파악할 수 있다.

≫ 두 축의 관계를 파악한다

여러 축의 관계를 그린다

평균이나 중앙값 등 대푯값을 이용하면 하나의 값으로 표현할 수 있지만, 평균 신장이나 평균 연봉처럼 축은 하나입니다. 하지만, 우리가 이용하는 데이터에서는 여러 축의 관계를 알아보고 싶을 때가 자주 있습니다. 예를 들어 키가 크면 몸무게가 무겁다, 고도가 높으면 기온이 낮다, 페이지 수가 많은 책은 비싸다 등 그 관계성에 주목하는 것입니다.

이때 자주 이용하는 방법이 **산점도**로, 세로축과 가로축에 각각 양과 크기를 표현하고 대응하는 점을 그립니다(그림 3-7). 산점도를 보면 **여러 축의 데이터 분포 및 경향을 파악할 수 있습니다.**

여러 축의 데이터 분포 상태를 수치화한다

산점도로 경향을 파악할 수 있지만, 그 해석은 사람마다 다릅니다. 따라서 대푯값처럼 수치화할 필요가 있습니다. 2-7 절에서는 각 편차 값을 제곱해 분포 상태를 조사했는데, 두 개의 축에서도 각 편차를 이용해 분포 상태를 조사할 수 있습니다. **두 개의 변수에 대한 분산을 나타내는 값**을 **공분산**이라고 합니다. 분산과 마찬가지로 평균에서 멀어질수록 값이 커지도록 계산합니다.

예를 들어, 그림 3-8처럼 각각 평균과의 차를 계산해서 곱한 값의 평균을 계산합니다. 공분산도 분산과 마찬가지로 단독으로는 의미가 없고 다른 값과 함께 분포 상태를 비교합니다.

공분산을 표준화한다

공분산으로 복수의 분포 상태를 비교할 수 있지만, 단위가 다르면 값이 크게 달라집니다. 따라서 2-8 절에서 소개한 표준화와 마찬가지로 계산합니다. 표준화는 평균과의 차를 표준편차로 나눴지만, 공분산은 각 축의 표준편차의 곱으로 나눕니다. 이것을 **상관계수**라고 합니다.

그림 3-7 산점도는 경향을 파악하기 쉽다

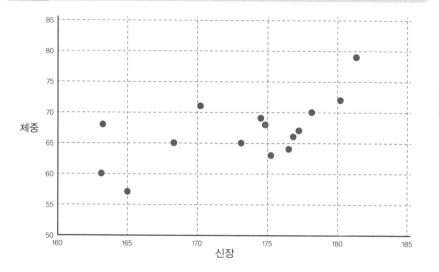

그림 3-8 경향을 수치화할 수 있는 공분산

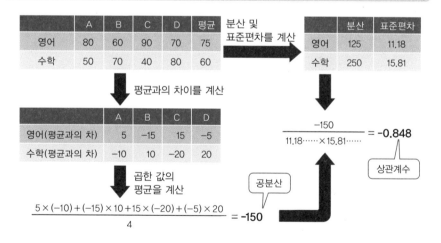

Point

✔ 산점도를 사용하면 여러 축에서의 데이터 분포를 파악할 수 있다.

✔ 공분산과 상관계수를 사용해서 산점도로 그린 데이터 분포를 수치로 파악할 수 있다.

≫ 허위 관계에 속지 않는다

상관계수로 분포를 파악한다 〰〰〰〰〰〰〰〰〰〰〰〰〰〰〰〰〰〰〰〰〰〰

상관계수는 −1에서 1 사이의 값을 가집니다. 1에 가까우면 우상향 분포, −1에 가까우면 우하향 분포에 가까워집니다(그림 3−9). 그리고 상관계수가 1에 가까우면 '양의 상관관계가 있다', 상관계수가 −1에 가까우면 '음의 상관관계가 있다', 상관계수가 0에 가까우면 '상관관계가 없다'고 합니다.

양의 상관관계가 있는 경우, 한 쪽이 증가하면 다른 쪽도 증가합니다. 이렇게 **어떤 관계가 있는 것처럼 보이는 관계**를 **상관관계**라고 합니다.

인과관계에 속지 않는다 〰〰〰〰〰〰〰〰〰〰〰〰〰〰〰〰〰〰〰〰〰〰〰〰

산점도나 상관계수를 사용하면 여러 축 간의 관계를 파악할 수 있지만, 상관관계가 있는 것처럼 보이더라도 실제로는 다른 원인이 숨어있을 수 있습니다.

예를 들어, 초등학교 수와 초등학생 수에 대한 산점도를 그렸을 때 그림 3−10처럼 되고, 상관계수가 약 0.95였습니다. 양의 상관관계가 있는 것처럼 보이는데, 초등학교 수를 늘리면 초등학생이 더 늘어날까요?

실제로는 출생률이 증가하거나 초등학생 수가 늘어났을 때 초등학교 수를 늘리고, 인구가 감소했을 때 초등학교 수를 줄이는 등 다른 요인이 작용합니다. 이렇게 **원인과 결과의 관계**로 되어 있는 경우를 **인과관계**라고 합니다.

다른 원인에 속지 않는다 〰〰〰〰〰〰〰〰〰〰〰〰〰〰〰〰〰〰〰〰〰〰〰

상관관계가 있는 것처럼 보여도 인과관계보다 복잡한 배경이 있을 수 있습니다. 예를 들어, 초등학교 수와 중학교 수로 산점도를 만들면 양의 상관관계가 있는 것처럼 보입니다. 하지만 초등학교 수를 늘리면 중학교 수가 늘어난다는 식의 인과관계는 없습니다.

실제로는 초등학생 수가 배경에 있고, 초등학생 수가 늘어나면 초등학교도 중학교도 늘어나는 관계입니다. 이처럼 **실제로는 상관관계가 없지만 다른 이유 때문에 상관관계가 있어 보이는 관계**를 **허위상관**이라고 합니다.

그림 3-9 상관계수에 의한 분포의 차이

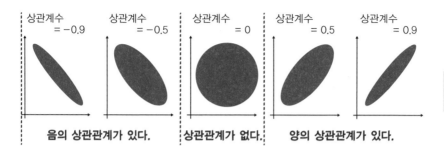

상관계수
= −0.9

상관계수
= −0.5

상관계수
= 0

상관계수
= 0.5

상관계수
= 0.9

음의 상관관계가 있다. 　상관관계가 없다.　 양의 상관관계가 있다.

그림 3-10 초등학교 수와 초등학생 수의 관계

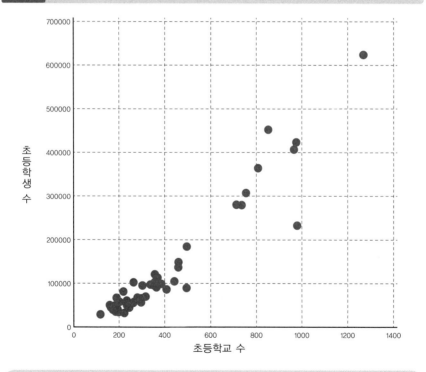

초등학생 수 (y축)

초등학교 수 (x축)

Point

✔ 상관계수를 이용함으로써 데이터 분포로부터 상관관계를 파악할 수 있다.

✔ 상관관계가 있는 것처럼 보여도 그 배후에 있는 데이터의 의미를 생각하지 않으면, 인과관계나 허위상관에 속을 가능성이 있다.

» 여러 축으로 집계한다

다른 축으로 집계한다 \\

엑셀 등 표 계산 프로그램에서 데이터를 집계할 때 자주 사용하는 기능으로 피벗 테이블이 있습니다. 여러 항목의 데이터가 있을 때 각 항목에 대한 건수나 합계 등을 집계하는 기능입니다.

예를 들어, 성별과 혈액형을 묻는 설문이 있고 그림 3-11 왼쪽과 같은 응답이 나왔다고 가정해 봅시다. 이 데이터에 피벗 테이블을 적용해 가로로 혈액형, 세로로 성별을 배치하고 건수를 집계하면 그림 3-11 오른쪽과 같은 표가 만들어집니다. 이렇게 가로와 세로를 다른 축으로 집계하는 방법을 **크로스 집계**라고 합니다. 크로스 집계를 사용하면 **다른 축 간에 어떤 관계가 있는지 파악할 수 있습니다.**

선택지 수를 좁힌다 \\

설문조사를 할 때 문항 수나 선택지가 너무 많으면 응답하기가 번거로워집니다. 컴퓨터나 스마트폰을 구입할 때도 수많은 모델 중에서 원하는 것을 고르려면, 선택지가 너무 많아 뭘 사야 할지 모를 때가 있습니다.

이럴 때는 선택지를 좁히는 것이 중요합니다. 예를 들어, 노트북을 구매하려는데 그림 3-12와 같은 선택지가 있다고 가정해 보겠습니다. 단순하게 생각하면 3×3×3×3 = 81가지라고 할 수 있습니다. 하지만, 매장에서 81개의 컴퓨터를 실제로 만져보고 비교하기란 쉽지 않습니다.

하지만, 그림 3-12 하단의 표처럼 9가지의 선택지가 있다면 쉽게 평가할 수 있을 것입니다. 이 중에서 자신이 희망하는 사양에 가까운 것을 선택하면 원하는 조건이 보일 것입니다. 설문조사에서도 이런 방법이 자주 사용됩니다.

이를 **컨조인트 분석**conjoint analysis이라고 하며, 그림 3-12 하단과 같은 표를 **직교표**라고 합니다. 여기서 사용한 것은 L9 직교표로 3개의 선택지가 최대 4개 있는 경우에 사용됩니다. 2개의 선택지가 최대 7개 있는 경우인 L8 직교표도 있습니다.

그림 3-11　다른 축을 집계할 피벗 테이블

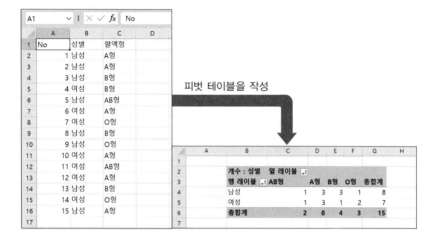

그림 3-12　직교표의 효과

	CPU	메모리	SSD	무게
선택지	Intel	8GB	500GB미만	1kg미만
	AMD	16GB	500GB이상 1TB미만	1kg이상 1.5kg미만
	기타	32GB	1TB이상	1.5kg이상

	No	CPU	메모리	SSD	무게
	1	Intel	8GB	500GB미만	1kg미만
	2	Intel	16GB	500GB이상 1TB미만	1kg이상 1.5kg미만
	3	Intel	32GB	1TB이상	1.5kg이상
직교표	4	AMD	8GB	500GB이상 1TB미만	1.5kg이상
	5	AMD	16GB	1TB이상	1kg미만
	6	AMD	32GB	500GB미만	1kg이상 1.5kg미만
	7	기타	8GB	1TB이상	1kg이상 1.5kg미만
	8	기타	16GB	500GB미만	1.5kg이상
	9	기타	32GB	500GB이상 1TB미만	1kg미만

Point

✔ 크로스 집계를 이용해 다른 축 사이에 있는 관계를 파악할 수 있다.

✔ 직교표를 이용하면 선택지를 좁힐 수 있으므로, 설문조사 등에서 적은 수의 선택지로 응답자가 원하는 것을 판단할 수 있다.

» 축의 개수를 줄여 특징을 파악한다

데이터에서 축의 수를 고려한다 \\

설문조사를 실시해 비슷한 응답을 한 사람을 찾거나 학교 성적이 비슷한 학생을 찾고 싶은 상황을 생각해 봅시다. 이때 설문조사 문항이 하나, 과목이 하나인 상황이라면 값의 크기에 따라 가까운 것을 간단히 비교할 수 있습니다.

하지만 실제로는 많은 문항이 있고 과목도 여러 개입니다. **이렇게 여러 항목으로 비교하고 싶을 때, 비슷한 것이나 멀리 떨어져 있는 것을 생각하기란 쉽지 않습니다.** 이러한 항목 수를 **차원**이라고 합니다(그림 3-13).

많은 차원이 있는 데이터를 파악하기 위해 차원을 줄이는 것을 고려합니다. 예를 들어, 5과목의 성적이라면 차원은 5인데, 이를 인문계와 이공계라는 두 개 차원으로 줄이거나, 합계라는 하나의 차원으로 줄이는 등의 방법이 있습니다.

많은 정보를 남기면서 차원을 줄인다 \\

차원을 줄일 때, 원 정보를 많이 남기는 방법으로 **주성분 분석** Principal component analysis 이 있습니다. 적은 축으로 표현하더라도 원 정보를 많이 남기기 위해 주성분 분석에서는 분산을 최대화하는 방향을 찾습니다.

먼저 모든 데이터의 평균을 계산해서 중심이 되는 위치를 찾습니다. 그런 다음, 이 평균을 바탕으로 분산이 최대가 되는 방향(주성분 1: PC1)을 구합니다. 다시, 이 첫 번째 주성분과 직교하는 방향에서 분산이 최대가 되는 방향(주성분 2: PC2)을 구합니다. 이때 축을 지정할 수는 없습니다. **계산으로 구해진 축을 보고, 이 축이 어떤 의미를 가지는지는 분석자가 생각할 필요가 있습니다.**

예를 들어, 그림 3-14는 2021년 일본 센트럴 리그 프로야구 데이터로 주성분 분석을 한 것입니다. 타율, 안타 수, 홈런 수, 타점, 삼진, 도루 데이터를 기반으로 두 개 축으로 표현되어 있습니다. 각각 어떤 의미가 있는지 생각해 보세요.

그림 3-13 차원 = 항목 수

학생	국어	수학	영어	과학	사회
A	72	68	70	79	81
B	65	51	66	72	83
C	59	53	63	74	59
D	88	71	69	58	73
E	68	55	72	61	80
…	…	…	…	…	…

차원 = 5

그림 3-14 주기성

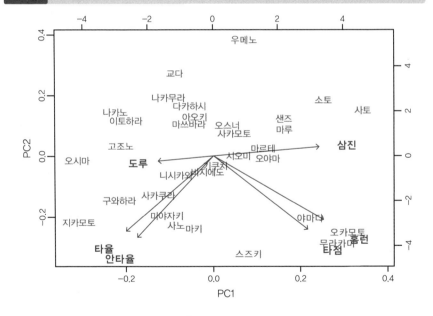

Point

✔ 차원을 줄이면 좌표 평면 등에 표현할 수 있고 시각적으로 이해하기 쉬워진다.

✔ 주성분 분석으로 차원을 줄일 수 있지만, 그 의미는 분석자가 생각할 필요가 있다.

» 두 점간의 거리를 이해한다

최단거리를 계산한다 //

데이터를 평면으로 나타냈을 때, 각 점들이 어느 정도 가까운지 계산을 통해 구하는 상황을 생각해 봅시다. 바로 떠오르는 것은 **점과 점 사이의 최단 거리를 구하는 방법**입니다.

피타고라스 정리를 이용해 점과 점 사이의 거리를 구하는 방법으로 이 거리를 **유클리드 거리**라고 합니다. 그림 3-15와 같은 비스듬한 직선에서도 x축과 y축 길이를 바탕으로 두 점을 잇는 직선의 길이를 계산할 수 있습니다. 거리 값을 구하려면 제곱근을 계산해야 하지만, 길이만 비교한다면 제곱한 값을 사용함으로써 간단히 계산할 수 있습니다.

참고로 유클리드 거리는 평면과 같은 2차원이 아니라 3차원이나 4차원에서도 동일하게 계산할 수 있습니다.

격자 모양의 경로로 거리를 계산한다 ///

유클리드 거리는 제곱을 계산해야 하지만, 뺄셈만으로 계산할 수 있는 **맨해튼 거리** (L1-거리)를 사용하는 경우가 있습니다.

도로처럼 **직선으로 이동할 수 없는 상황에서 길을 따라 이동하는 경로를 생각하는 방법**으로, 바둑판 눈처럼 생긴 거리라면 그림 3-16과 같은 다양한 경로를 생각해 볼 수 있습니다. 이때 어느 경로나 거리는 동일합니다.

맨해튼 거리를 적용하기 적합한 예로는 지도상의 경로나 바둑이나 장기처럼 칸이 있는 데이터 이외에 이미지가 있습니다. 컴퓨터에서 이미지를 다룰 때 빨강, 초록, 파랑의 세 가지 색을 조합해 다양한 색을 표현하는데, 이를 색의 삼원색 또는 빛의 삼원색이라고 합니다.

두 색의 거리를 생각하면 그 중간색을 계산하게 됩니다. 예를 들어 흰색과 검은색은 회색과 같은 색이 되며, 이는 다른 색 사이의 거리에서도 발생합니다. 맨해튼 거리에서는 빨강, 초록, 파랑의 각 색을 축으로 하여 각각의 색으로 거리를 판단할 수 있습니다.

그림 3-15 최단거리를 구하는 유클리드 거리

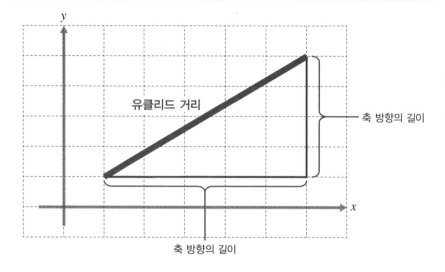

그림 3-16 경로의 길이를 구하는 맨해튼 거리

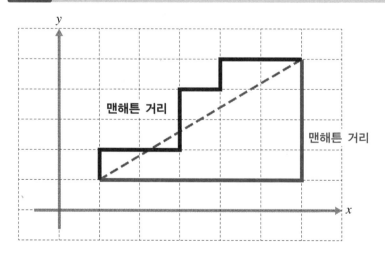

Point

✔ 유클리드 거리는 피타고라스 정리에 따라 두 점간 최단거리를 가리킨다.
✔ 맨해튼 거리는 격자 모양 경로의 길이를 가리킨다.

3-8_ 두 점간의 거리를 이해한다 113

≫ 비슷한 각도를 조사한다

유사함을 각도로 판단한다

주성분 분석에서는 유사한(가까운) 데이터를 찾기 위해 분산을 사용했습니다. 또한, 유클리드 거리나 맨해튼 거리에서는 '가깝다'는 것을 거리를 기준으로 판단했습니다.

하지만 유사한지 여부를 거리뿐만 아니라 각도로 판단하고 싶을 때도 있습니다. 예를 들어, 그림 3-17처럼 4개의 점을 비슷한 것끼리 분류하는 상황을 생각해 봅시다. 거리로 생각하면 A와 B, C와 D가 가까우므로 그룹으로 묶을 수 있지만, 원점에서 각도로 생각하면 A와 C, B와 D의 각도가 가까우므로 그룹으로 묶을 수 있습니다. 각각의 점을 벡터로 나타내고 **원점으로부터의 각도를 기준으로 유사성을 판단하는 지표**로 **코사인 유사도**가 있습니다.

코사인 유사도는 문서를 비교할 때 자주 사용됩니다. 문서에서 단어의 출현 빈도를 벡터로 생각하고 각 문서의 유사도를 조사하는 것입니다. 예를 들어, 그림 3-18처럼 문서에서 단어의 출현 빈도가 표준화된 값이 주어진 경우 각 문서의 유사도를 계산할 수 있습니다.

단어의 의미를 수치화한다

데이터 간의 거리나 각도를 고려할 때 각각의 데이터는 수치여야 합니다. 일반적인 문장을 처리하고 싶은 경우, 단어의 출현 빈도를 집계하는 것 이외에도 **단어가 가진 '의미'를 수치로 변환하는 방법**을 생각할 수 있습니다.

흔히 쓰이는 방법으로 각 단어를 수백 차원의 벡터로 표현하는 **Word2Vec**이 있습니다. 단어가 가진 '의미'를 벡터로 표현함으로써 유사한 단어를 판단할 수 있을 뿐만 아니라, 단어의 덧셈이나 뺄셈이 가능해집니다.

예를 들면, 유명한 예로 '왕-남성+여성=여왕'과 같은 식이 있습니다. 이것도 '왕', '여왕', '남성', '여성'이라는 단어를 벡터로 표현함으로써 실현할 수 있습니다.

그림 3-17 각도로 비슷한지 판단하는 코사인 유사도

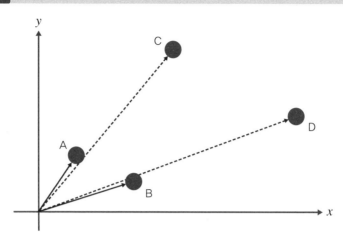

그림 3-18 문서 간의 유사도

단어	문서A	문서B	문서C
뉴스	0.28	0.31	0.77
전차	0.14	0.00	0.32
동물	0.00	0.81	0.19
사실	0.00	0.16	0.00
법률	0.03	0.27	0.00
금속	0.66	0.00	0.55
장소	0.12	0.34	0.00

문서A와 문서B의 유사도
= 0.28 × 0.31 + 0.14 × 0.00 +
0.00 × 0.81 + 0.00 × 0.16 + 0.03 × 0.27 +
0.66 × 0.00 + 0.12 × 0.34
= 0.1357

문서A와 문서C의 유사도
= 0.28 × 0.77 + 0.14 × 0.32 +
0.00 × 0.19 + 0.00 × 0.00 + 0.03 × 0.00 +
0.66 × 0.55 + 0.12 × 0.00
= 0.6234

문서B와 문서C의 유사도
= 0.31 × 0.77 + 0.00 × 0.32 +
0.81 × 0.19 + 0.16 × 0.00 + 0.27 × 0.00 +
0.00 × 0.55 + 0.34 × 0.00
= 0.3926

**문서A와 문서C가
가장 유사하다**

Point

✔ 코사인 유사도는 데이터 간의 각도를 기준으로 유사함을 판단한다.
✔ 문장을 처리할 때 단어의 출현 빈도에 주목하는 것이 아니라, 단어의 의미를 벡터로 표현하는 것으로 Word2Vec가 있다.

» 데이터 분석은 멋진 면만 있는 게 아니다

사전에 데이터를 가공한다

데이터를 분석할 때 깔끔하게 정리된 데이터가 있다면, 분석 처리를 프로그램으로 준비해서 실행하기만 하면 되지만, 실제로는 사전에 가공하지 않으면 분석할 수 없는 경우가 많습니다.

예를 들어, 특이값이나 결측값이 있다, 단위가 맞지 않는다, 문자로 입력되어 있다, 문자 코드가 일치하지 않는다 등 데이터 내용에 문제가 있는 상태를 생각해 볼 수 있습니다(그림 3-19).

이때 **분석하기 쉬운 데이터로 변환**할 필요가 있는데, 이를 **전처리**라고 합니다. 전처리에서는 특이값이라면 제외하기, 결측값이라면 다른 데이터로 채우기, 단위가 맞지 않으면 통일하기, 문자 등의 질적 변수는 수치로 변환하기, 문자 코드가 다르면 변환하기 등의 작업을 시행합니다. 이러한 작업은 분석을 위한 데이터 준비라는 의미에서 **데이터 프레퍼레이션** Data Preparation이라고 합니다.

데이터를 깔끔하게 정리한다

데이터 준비 과정 중에 중복, 손상, 입력 오류 등으로 발생한 **부정확한 데이터를 올바른 내용으로 수정하거나 통합**하는 것을 **데이터 클렌징** Data Cleansing이라고 합니다.

가까운 예로 **이름 정리** 작업이 있습니다. 기업 등의 조직에서는 부서별로 고객 정보를 수집해서 동일한 고객 정보가 분산되어 저장되는 경우가 있습니다. 또한, 기업 합병 등으로 여러 기업이 보유한 데이터베이스를 통합해야 하는 경우도 있습니다(그림 3-20).

이때, 동일한 고객 정보는 통일하고 싶지만, 형식 및 업데이트 빈도가 제각각일 것입니다. 성과 이름이 분리되어 있거나 수집한 시기가 오래되어 갱신되지 않은 데이터라도 이름이나 전화번호 등의 정보를 단서로 삼아 통합할 수 있습니다.

그림 3-19　전처리가 필요한 데이터의 예

이름	신장	체중	나이	혈액형
최영훈	178cm	62kg	22	1
김민희	164cm		30	2
차전중	1.75m	59kg	44	1
고상식	173cm	70kg	1 9	3
■ ■ ■ ■	182cm	77kg	35	AB형

문자깨짐

단위 불일치

미입력, 응답거부

공백 문자

문자로 입력

그림 3-20　고객정보 통합을 위한 이름 정리

A사의 고객 마스터

성	이름	회사명	우편번호	…
최	영훈	○ ○	105-0011	…
김	민희	△ △	112-8575	…
차	전중	□ □	170-6041	…
고	상식	□ □	231-8588	…
…	…	…	…	…

설문조사 응답

이름	회사명	이메일	응답1	…
임연희	○ ○	fuyu@	4	…
차전중	△ △	jiro@	2	…
김태양	□ □	taro@	1	…
박하나	□ □	hana@	3	…
…	…	…	…	…

B사 고객 마스터

first name	family name	company	postcode	…
gildong	hong	nemonemo	104-0061	…
younghoon	choi	dongle	105-0011	…
sumi	kim	nemonemo	150-0002	…
minhee	kim	semosemo	112-8575	…
…	…	…	…	…

같은 고객
데이터를 통합

Point

✔ 데이터를 분석할 때 데이터가 정리되어 있는지 확인하고 필요에 따라 가공하는 전처리가 필요하다.

✔ 여러 데이터베이스에 같은 고객 정보가 등록되어 있을 때, 이를 통합하는 작업으로 이름 정리가 있다.

≫ 여러 축의 관계를 명확히 한다

1차 함수로 예측한다 //

과거 데이터를 바탕으로 미래 변화를 예측하는 것을 생각해 보겠습니다. 알기 쉬운
예로는 1차 함수를 사용한 예측을 들 수 있습니다.

예를 들어, 회의를 녹음하고 음성을 텍스트로 변환해서 회의록을 만든다고 가정해
봅시다. 1시간짜리 회의에서 5분 정도만 실제로 작성해 보겠습니다. 만일 5분간의 회
의 내용을 텍스트로 변환하는 데 15분이 걸렸다면, y=3x라는 1차 함수식으로 표현할
수 있습니다. 그리고 이 식을 바탕으로 60분짜리 회의라면 3×60=180분, 즉 3시간
정도 걸릴 것으로 예측할 수 있습니다(그림 3-21).

변환에 5시간(=300분)이 주어진 경우 y 값을 역산해서 300=3x라는 방정식을 풀면,
100분의 회의까지 텍스트로 변환할 수 있다고 판단할 수 있습니다.

분포도의 경향에서 직선으로 예측한다 ////////////////////////////////////

비즈니스 현장에서는 몇 가지 데이터로 산점도를 그리고 그 분포에서 경향을 생각하
기도 합니다. 산점도가 직선에 가까운 분포를 보일 때, 그 점에 가능한 한 가까워지
는 직선을 그리면 두 변수 간의 관계를 표현할 수 있습니다(그림 3-22). 이 직선을
회귀직선이라고 하며 직선의 기울기를 회귀계수, 직선의 식을 회귀식이라고 합니다.
또한, 이처럼 산점도에 선을 그려서 변수 간의 관계를 예측하는 방법을 **회귀분석**이라
고 합니다.

회귀분석을 하면 새로운 데이터(x 좌표)가 주어질 때, 해당 시점의 값(y 좌표)을 예
측할 수 있습니다. 다시 말해, **과거 데이터에서 알려지지 않은 데이터를 예측**하는 데
사용할 수 있습니다.

오차를 최소로 해서 회귀직선을 구한다 //////////////////////////////////

회귀직선을 그리기 위해 사용되는 것이 **최소제곱법**입니다. 각 점의 좌표와 직선의 좌
표의 오차를 제곱한 것의 합이 최소가 되도록 직선의 계수를 결정하는 방법입니다.

그림 3-21 1차 함수로 예측

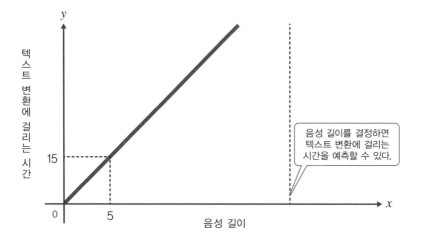

텍스트 변환에 걸리는 시간

15

0   5

음성 길이

음성 길이를 결정하면
텍스트 변환에 걸리는
시간을 예측할 수 있다.

그림 3-22 산점도에서 회귀분석

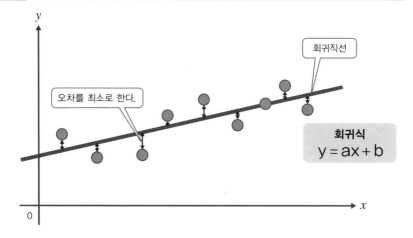

회귀직선

오차를 최소로 한다.

회귀식
$$y = ax + b$$

Point

✔ 회귀분석은 산점도가 직선에 가까운 분포를 보일 때 각 변수들의 관계를 예측하는
   데 사용된다.

✔ 회귀직선을 그리기 위해서는 데이터와 직선의 오차를 최소로 하는 최소제곱법이
   사용된다.

≫ 고급 회귀분석을 알아보자

여러 축으로 회귀분석을 한다

앞 절에서 소개한 회귀분석에서는 변수가 x 하나뿐이었습니다. 이러한 회귀분석을 단순회귀분석이라고도 하며, '기온으로 매출을 예측한다', '면적으로 임대료를 예측한다'처럼 하나의 변수를 사용합니다. 반면, 우리 주변에는 여러 변수를 투입해서 예측하고 싶은 것이 많이 있습니다. 예를 들어, '기온과 강수 확률로 매출을 예측한다', '역에서 떨어진 거리와 면적, 경과년수로 임대료를 결정한다'와 같은 상황입니다(그림 3-23).

이처럼 **여러 변수에 대해 회귀분석을 하는 것**을 **다중회귀분석**이라고 합니다. 변수가 2개인 경우, 3차원의 산점도를 생각하고 거기에 평면을 준비해 평면과의 거리가 최소가 되도록 평면의 식을 결정합니다. 예를 들어, 다음과 같은 1차식으로 표현할 수 있고 계수를 결정하면 예측할 수 있습니다.

$$임대료 = a \times 거리 + b \times 면적 + c \times 경과년수 + d$$

질적 변수를 예측한다

회귀분석이나 다중회귀분석에서는 양적 변수를 예측합니다. 다시 말해 매출이나 임대료를 예측할 때 임의의 수치가 결과로 나타납니다. 회귀분석이나 다중회귀분석으로 직선의 계수를 예측하면, 범위를 좁힐 수 없습니다. 반면에, 질적 변수를 예측하고 싶을 때도 있습니다. 예를 들어, '시험의 합격 여부를 예측하고 싶다.', '상품의 구입 여부를 예측하고 싶다.'와 같은 경우, 두 예측 결과 중 어느 쪽에 해당하는지를 생각합니다.

이때, 예측 결과를 직접 예측하는 게 아니라, **0에서 1 사이의 수치를 예측하고, 그것이 0.5보다 큰지 작은지에 따라 판단하는 방법**이 사용됩니다. 시험 합격 여부를 예측하는 경우, 점수가 주어졌을 때 그림 3-24와 같은 S자 형태의 곡선을 준비하고, 0.5보다 크면 합격, 0.5보다 작으면 불합격으로 판단하는 방법을 **로지스틱 회귀분석이라고** 합니다.

그림 3-23 여러 변수로 예측하는 다중회귀분석

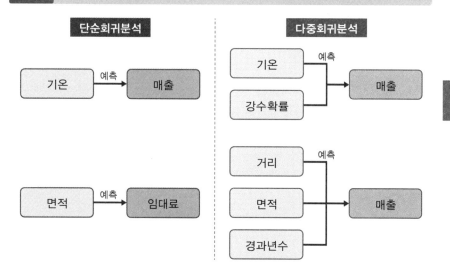

그림 3-24 질적 변수를 예측하는 로지스틱 회귀분석

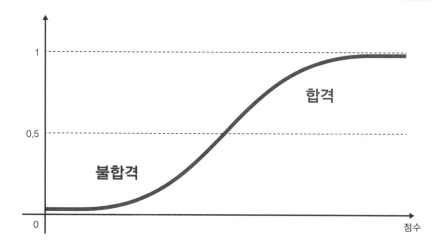

> **Point**
> ✔ 다중회귀분석은 복수의 변수에서 특정 변수를 예측할 수 있고, 양적 변수를 예측하는 데 사용된다.
> ✔ 로지스틱 회귀분석은 질적 변수를 예측하는 데 사용된다.

≫ 분류를 예측한다

어느 그룹으로 분류될지 예측한다 �utututututututututututututututututututu

회귀분석에서는 산점도 등에 표시된 점을 바탕으로 양적 변수의 값을 예측했습니다. 또한, 로지스틱 회귀분석에서는 0에서 1의 범위의 수치를 계산하여 질적 변수를 예측했습니다. 그런데, 값을 예측하는 것이 아니라 **대상이 두 그룹 중 어느 그룹으로 분류될지, 어떤 기준으로 나눌 수 있는지를 분석해서 예측하는 방법**으로 **판별분석** discriminant analysis이 있습니다.

예를 들어, 시험 과목이 국어와 수학이라고 가정해 봅시다. 그림 3-25처럼 두 과목의 점수가 산점도로 그려져 있고, 각 학생의 합격과 불합격은 이미 알고 있습니다. 여기에 새로운 학생의 국어와 수학 점수를 투입했을 때, 그 학생의 합격 여부를 예측하는 식으로 활용할 수 있을 것입니다.

이때 그림 3-25처럼 각 점 사이에 직선을 그어 데이터를 두 그룹으로 분리할 수 있습니다. 직선뿐만 아니라 곡선을 사용하기도 하고 차원이 많아지면 평면 등으로 분리하는 경우도 있습니다.

분포를 바탕으로 거리를 조사한다 〴utututututututututututututututututut

위에서는 그룹을 나눌 때 직선이나 곡선 등으로 분리한다고 소개했지만, **다른 데이터와의 거리를 고려해서 분리하는 방법**도 있습니다. 이때 주로 사용되는 것이 **마할라노비스 거리**Mahalanobis distance입니다.

앞에서 설명한 유클리드 거리나 맨해튼 거리로 두 점 사이의 거리를 구할 수도 있지만, 마할라노비스 거리는 데이터의 상관관계를 고려해 데이터 그룹으로부터의 거리를 계산합니다. 즉, 그림 3-26과 같은 분포에서 우측 상단 점과 좌측 상단 점 중 어느 쪽이 데이터 분포에 더 가까운지 비교합니다. 데이터의 중심으로부터의 거리를 고려하면 우측 상단 데이터가 더 멀지만, 데이터를 그룹으로 생각하면 좌측 상단 데이터가 이 데이터 중에서는 특이값이라고 판단할 수 있습니다.

이를 통해 직선 등으로 분리하기 어려운 분포라도 분류를 예측하는 데 사용할 수 있습니다.

그림 3-25 판별분석

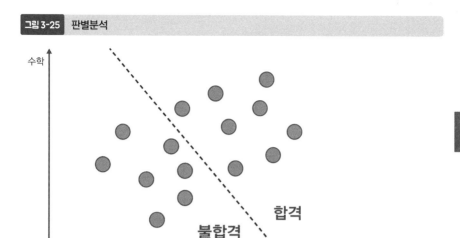

그림 3-26 마할라노비스 거리

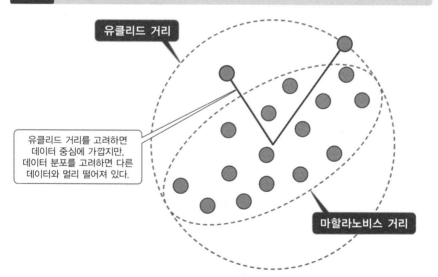

Point

✔ 판별분석을 사용하면 여러 그룹 중 어디로 분류되는지 예측할 수 있다.
✔ 마할라노비스 거리는 데이터 분포를 고려해 데이터의 중심으로부터의 거리를 산출한다.

≫ 알고 있는 지식으로 값을 추정한다

대략적인 값을 예측한다

일을 하다 보면 대략적이라도 좋으니 가치를 예측하고 싶은 상황이 있습니다. 예를 들어, 전자칠판을 개발해서 판매하려고 할 때, 전국의 모든 초등학교에 납품할 수 있다면 큰 비즈니스가 될 것 같습니다.

초등학교 수는 인터넷에서 쉽게 검색할 수 있지만, 자신이 가지고 있는 지식만으로도 어느 정도 예측할 수 있습니다. 이때 사용되는 것이 **몇 가지 단서를 조합해 논리적으로 값을 추측**하는 **페르미 추정**입니다(그림 3-27).

많은 사람들이 알고 있는 단서로 '일본 인구는 1억 2000만 명', '일본인 평균 수명은 대략 80세'라는 것이 있습니다. 이 정도는 조사하지 않아도 알고 있는 사람이 많겠지요.

또한, '일본 초등학교는 한 학급이 대략 30~40명'이라는 것도 많은 사람들이 경험으로 알 수 있습니다. 그럼, '한 학교에서 한 학년 학급 수는?'이라고 물으면 조금 망설여질 것입니다. 지역마다 다르겠지만, 최근 저출산 현상이 심화된 점을 감안해 2학급 정도라고 상상할 수 있습니다.

이러한 단서를 종합하면 그림 3-28처럼 약 2만 개 정도로 예측할 수 있습니다. 실제 통계 조사 결과에서도 2만 개 정도입니다.

페르미 추정의 포인트

페르미 추정에서 중요한 것은 크게 벗어나지 않는 것입니다. 각각 대략적인 값이기 때문에 정확도는 그다지 높지 않습니다. 하지만 비즈니스 현장에서는 엄밀한 값이 아닌 대략적인 값이라도 어느 정도의 정확도로 설명할 수 있으면 충분할 때가 많습니다.

위에서 든 예의 경우, 적어도 1만 개에서 3만 개 정도의 범위로 예측할 수 있다면 큰 실패를 줄일 수 있습니다. 만약 1,000개나 10만 개로 예측했다면, 재고가 크게 부족하거나 엄청나게 남게 되겠지요.

그림 3-27 페르미 추정의 과정

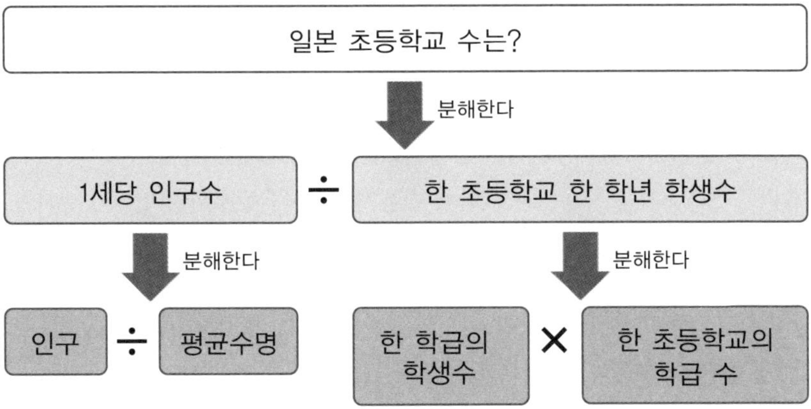

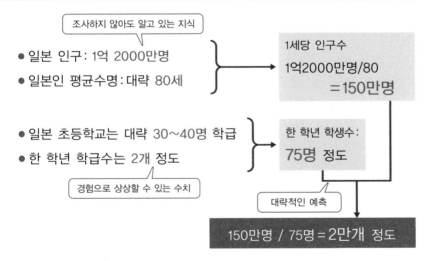

```
          일본 초등학교 수는?

                 │ 분해한다
                 ▼

  1세당 인구수    ÷    한 초등학교 한 학년 학생수

       │ 분해한다              │ 분해한다
       ▼                      ▼

  인구 ÷ 평균수명    한 학급의      한 초등학교의
                     학생수    ×    학급 수
```

그림 3-28 페르미 추정의 예

조사하지 않아도 알고 있는 지식

● 일본 인구 : 1억 2000만명

● 일본인 평균수명 : 대략 80세

1세당 인구수

1억2000만명/80
　　　=150만명

● 일본 초등학교는 대략 30~40명 학급

● 한 학년 학급수는 2개 정도

경험으로 상상할 수 있는 수치

한 학년 학생수 :

75명 정도

대략적인 예측

150만명 / 75명 = 2만개 정도

Point

✔ 페르미 추정을 사용하면 자신 가진 지식 등을 조합해 대략적인 정확도라도 논리적으로 추측할 수 있다.

✔ 엄밀한 값을 구하는 것이 아니라 논리적으로 추측하고 설명하는 것을 목적으로 한다.

≫ 주사위를 굴려본다

랜덤한 값을 생성한다

컴퓨터는 정확하게 지시한 대로 작동하지만, 매번 같은 값이 아닌 임의의 결과를 원할 때가 있습니다. 예를 들어, 매번 결과가 달라져야 하는 주사위, 제비뽑기, 가위바위보 등의 대전 게임을 만들려고 할 때, 컴퓨터의 출력을 예측할 수 있어서는 곤란합니다.

이런 경우에는 랜덤한 값이 필요한데, 이를 **난수**라고 합니다. 하지만 **컴퓨터는 규칙성과 재현성이 있는 처리만 할 수 있기 때문에 난수를 생성할 수 없습니다**. 그래서 특수한 계산을 통해 난수를 유사하게 발생시키는 방법을 사용하고 이렇게 만든 무작위한 값을 **유사난수**라고 부릅니다. 프로그래밍 언어나 표 계산 프로그램에서는 유사난수를 생성하는 함수를 제공합니다(그림 3-29).

랜덤한 값이 필요하더라도 프로그램이 제대로 동작하는지 확인하는 '테스트'에서는 같은 값을 생성해야 합니다. 유사난수에서는 **시드**seed 값을 고정하여 같은 난수열을 몇 번이고 반복해서 생성할 수 있습니다.

난수를 시뮬레이션에 사용한다

난수는 게임뿐만 아니라 시뮬레이션에도 사용되는데, 이를 **몬테카를로법**이라고 부릅니다. 예를 들면, 자주 사용되는 예로 초등학교에서도 배우는 원주율 ($\pi = 3.14\cdots$)의 근사값을 구하는 것을 들 수 있습니다.

그림 3-30과 같은 좌표 평면에서 $0 \leq x \leq 1$, $0 \leq y \leq 1$의 범위 내에서 무작위로 점을 선택하고, 그 점이 $x^2 + y^2 \leq 1$을 만족하는지 조사합니다. 이때, 정사각형의 면적은 1×1이고 부채꼴 부분의 면적은 $1 \times 1 \times \pi \div 4$이므로, 400개를 조사하면 대략 314개 전후, 4000개를 조사하면 3141개 전후가 이 조건을 만족할 거로 생각됩니다.

실제로 프로그램을 실행해서 **조사하는 개수를 늘려가면, 정확도가 조금씩 높아진다**는 것을 알 수 있습니다.

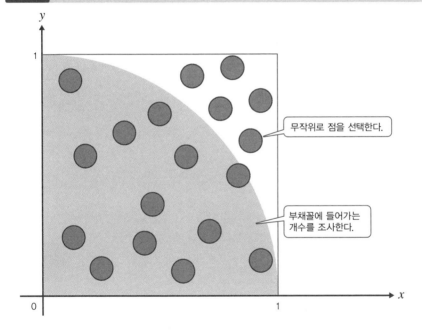

그림 3-29 엑셀을 이용한 난수 생성

A1		× ✓ fx	=RAND()	유사난수를 생성하는 함수		

	A	B	C	D	E	F
1	0.76597395	0.00919912	0.14392864	0.08912123	0.34617361	
2	0.33594451	0.31534968	0.44707916	0.05952848	0.29401768	
3	0.28438885	0.35223232	0.26096186	0.64568031	0.99331592	
4	0.80100676	0.06026008	0.16898575	0.27108897	0.64242684	
5	0.00552041	0.37224585	0.05958976	0.94508464	0.72326574	
6						

그림 3-30 근사값을 구하는 몬테카를로법

무작위로 점을 선택한다.

부채꼴에 들어가는 개수를 조사한다.

Point

✔ 컴퓨터에서는 유사난수를 사용해서 랜덤한 값을 발생시킨다.

✔ 몬테카를로법에서는 난수를 사용한 시뮬레이션으로 근사값을 구할 수 있다.

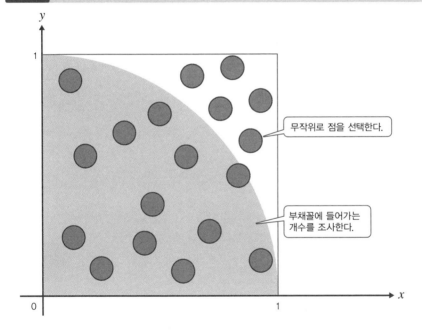

≫ 반복 예측으로 정확도를 높인다

여러 전문가들의 지식을 모은다 //

전문가 한 사람의 예측만으로는 정확도가 높지 않을 가능성이 있습니다. 그래서 **델파이법**이 등장했습니다(그림 3-31). 여러 전문가에게 익명으로 설문조사를 실시해 그 결과를 집계 및 공유하고, 다시 전문가에게 추가로 설문조사하는 과정을 반복하는 방식입니다. 반복 횟수는 정해져 있지 않지만, 시간이 허락하는 한 어느 정도 의견이 수렴될 때까지 반복합니다. **혼자가 아닌 집단으로 지혜를 모으면 간과한 부분 등을 발견할 수 있습니다.**

이 방법은 전문가뿐만 아니라 팀으로 일을 진행할 때에도 사용할 수 있습니다. 다른 참가자의 의견을 구하는 작업을 반복함으로써 **조직 전체의 의견을 수렴**할 수 있습니다.

과거의 예측값을 가미한다 //

시계열 데이터에서 과거 변화로 추세를 예측하는 방법으로 이동평균과 가중이동평균을 소개했는데, 가중이동평균과 마찬가지로 최근 데이터를 중시하는 방법으로 **지수 평활법**exponential smoothing이 있습니다.

전기 예측치과 실적치를 예측에 반영하는 방법으로, 전기 실적치가 예측치와 얼마나 차이가 나는지 감안해서 다음 예측을 수정합니다.

$$예측치 = \alpha \times 전기\ 실적치 + (1 - \alpha) \times 전기\ 예측치$$

필요한 것은 전기 예측치와 실적치뿐이므로 쉽게 계산할 수 있습니다. 이 α를 평활상수Smoothing Constant라고 하는데, $0 < \alpha < 1$ 범위로 설정해서 과거 값을 얼마나 중시할 것인지를 나타내며, α가 1에 가까울수록 전기 실적치를 중시하고, 0에 가까울수록 전기 예측치를 중시(즉, 과거 경과를 중시)합니다. 그림 3-6의 데이터에 가중이동평균과 지수평활법을 적용하면 그림 3-32를 얻을 수 있습니다.

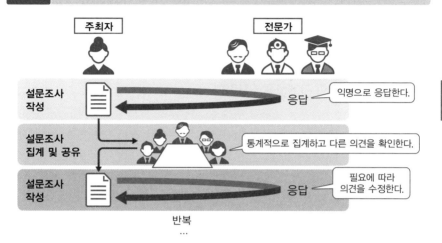

그림 3-31   예측 정확도를 높이는 델파이법

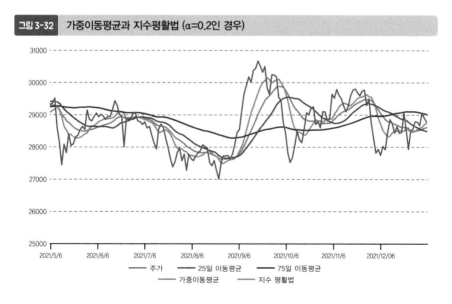

그림 3-32   가중이동평균과 지수평활법 (α=0.2인 경우)

- 주가
- 25일 이동평균
- 75일 이동평균
- 가중이동평균
- 지수 평활법

Point

✔ 델파이법은 여러 전문가를 대상으로 설문조사를 실시하고 응답, 집계, 수정을 반복해서 조직의 견해를 파악하는 데 사용된다.

✔ 지수 평활법을 사용하면 이전 실적치를 중시할 것인지, 예측치를 중시할 것인지를 결정할 수 있다.

≫ 다양한 분석 기법을 알아보자

여러 축으로 데이터의 관계성을 조사한다

3장에서 소개한 주성분분석, 다중회귀분석, 판별분석 등은 모두 여러 정보를 바탕으로 변수들의 관계를 밝히는 분석 방법입니다. 이를 통틀어 **다변량 분석**multivariate analysis이라고 합니다.

단, 지금까지는 양적 변수를 기반으로 분석하는 방식을 소개했습니다. 다시 말해, 키, 몸무게, 기온과 같은 수치 데이터를 분석했습니다. 하지만 우리 주변에는 성별이나 혈액형과 같은 질적 변수를 기반으로 분석하고 싶은 데이터도 있습니다(그림 3-33).

질적 변수의 다변량 해석

질적 변수로 양적 변수를 예측하는 방법으로 **수량화 I류**가 있고, 질적 변수로 질적 변수를 예측하는 방법으로 **수량화 II류**가 있습니다. 또한 주성분분석처럼 차원을 줄이는 방법으로 **수량화 III류**가 있습니다. 예를 들어, 성별, 혈액형, 흡연 여부, 운동 여부 등의 데이터를 바탕으로 병에 걸리기 쉬운 확률을 예측하는 방법이 수량화 I류이고, 질병 유무를 예측하는 방법이 수량화 II류입니다.

수치화하는 방법으로 단순하게 숫자를 할당하는 방법도 있지만, 그림 3-34처럼 할당해 버리면 이들은 명목상의 척도이므로 순서에 의미가 없습니다. 혈액형 순서를 바꾸기만 해도 결과가 달라집니다.

그래서 성별의 경우 0을 남성, 1을 여성, 혈액형의 경우 A형, B형, O형, AB형을 각각 0과 1로 표시하는 등의 방법을 생각해 볼 수 있습니다(그림 3-35).

이때 다른 열이 정해지면 자동으로 결정되는 열은 제외합니다. 혈액형의 경우 A형도 아니고 B형도 아니고 O형도 아니면 AB형이라고 자동으로 결정됩니다(조사하지 않았거나 모르는 경우 제외).

이렇게 질적 변수도 수치화를 통해 회귀분석이나 판별분석 등 양적 변수와 같은 방식으로 분석할 수 있습니다.

그림3-33 다변량 분석의 종류

		예측		요약
		목적변수		요약
		양적 변수	질적 변수	
설명 변수	양적 변수	다중회귀분석	로지스틱 회귀분석 판별분석	주성분분석
	질적 변수	수량화 I류	수량화 II류	수량화 III류

그림3-34 수치 데이터로 변환하기(좋지 않은 예)

No	성별	혈액형
1	남성	A형
2	여성	B형
3	남성	AB형
4	여성	O형
5	남성	B형
6	여성	A형

➡️

No	성별	혈액형
1	0	1
2	1	2
3	0	3
4	1	4
5	0	2
6	1	1

그림3-35 수치 데이터로 변환하기

No	성별	혈액형
1	남성	A형
2	여성	B형
3	남성	AB형
4	여성	O형
5	남성	B형
6	여성	A형

➡️

No	성별	A형	B형	O형
1	0	1	0	0
2	1	0	1	0
3	0	0	0	0
4	1	0	0	1
5	0	0	1	0
6	1	1	0	0

Point

✔ 다변량 분석은 여러 데이터의 관계성을 분석하기 위해 사용된다.

✔ 수량화 I류, 수량화 II류, 수량화 III류를 사용하면, 다중회귀분석이나 판별분석, 주성분
분석을 질적 변수로도 다룰 수 있게 된다.

설문조사 결과를 집계해 보자

3장에서는 크로스 집계 등 여러 축의 집계뿐만 아니라 주성분 분석 등 다양한 분석 방법을 소개했습니다. 이러한 방법을 사용하면 설문조사 등으로 수집한 데이터를 바탕으로 분석하여 사람들에게 전달할 때에도 알기 쉽게 표현할 수 있습니다.

설문조사 등에서 자주 사용되는 방법으로 응답분석(대응분석)을 소개합니다. 설문 응답을 크로스 집계한 결과를 바탕으로 그 항목들 간의 관계를 평면적으로 표현하는 방법입니다.

예를 들어, 설문조사의 응답이 표와 같이 집계되었다고 가정해 봅시다.

설문조사 집계 결과 (단위: 명)

좋아하는 것	음악	영화	컴퓨터	스포츠
10대	70	35	57	81
20대	65	45	42	67
30대	58	54	31	55
40대	47	35	28	40
50대	68	40	17	35

이 결과를 대응분석correspondence analysis하면 그림과 같이 표현할 수 있고, 연령대와 좋아하는 것이 가까운 위치에 있으면 관계성이 높다는 것을 알 수 있습니다. 대응 분석 방법에 대해 알아보세요.

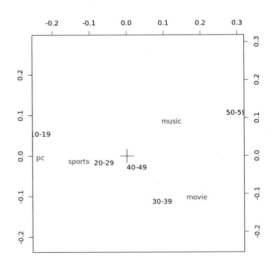

알아두고 싶은 통계학 지식

데이터로 답을 추측한다

Data Science

≫ 통계학의 종류

데이터의 특징을 파악한다)))

평균이나 분산의 계산, 히스토그램이나 산점도 그리기 등 **측정한 데이터를 정리,
요약, 시각화함으로써 그 특징을 통계적으로 파악하는 방법**을 **기술통계학** descriptive
statistics이라고 합니다(그림 4-1).

기술통계학을 이용하면 데이터 간의 관계 등을 파악할 수 있고, 가설을 세울 때도 사
용할 수 있습니다. 하지만 측정하지 않은 데이터나 애초에 측정할 수 없는 데이터에
대해서는 아무것도 할 수 없습니다.

주사위를 굴리듯 여러 번 시도할 수 있으면 결과를 측정하고 집계할 수 있지만, 세상
에는 전부 다 측정할 수 없는 것도 많습니다. 측정하는 데 현실적으로 불가능할 정도
로 시간이 오래 걸리거나, 측정하고 나면 사용할 수 없게 되는 것들도 있습니다.

예를 들어, 전 국민의 평균 신장을 측정하기 위해 모든 사람의 키를 조사하는 것은
현실적이지 않습니다. 양초의 연소 시간을 조사하기 위해 모든 양초에 불을 붙여 버
리면 사용할 수 있는 양초가 하나도 남지 않게 됩니다.

일부 데이터로 전체를 추측한다)))

기술통계학에서 측정할 수 없는 것이 많지만, 한정된 데이터로 전체를 추측할 수는
있습니다. 예를 들어, 전 국민의 평균 신장을 알고 싶다면 1,000명 정도의 키를 측정
해서 전체 평균 신장을 추측할 수 있습니다. 어떤 양초의 연소 시간을 알고 싶다면
같은 종류의 양초를 100개 정도 조사하면 충분하겠지요.

이처럼 **일부를 선택해서 측정한 결과로 전체 분포를 추측하는 방법**을 **추리통계
학** Inferential statistics이라고 합니다(그림 4-2). 추측한 결과와 실제 값 사이에 오차는 있
지만, 이를 포함해 어느 정도 범위에 들어가는지를 통계적으로 판단함으로써 가설이
맞는지를 판정하는 객관적인 지표로도 사용됩니다.

그림 4-1 기술통계학에서는 보유한 데이터를 이용해 파악한다

시계열 파악

평균, 분산,
표준편차 계산

그래프 작성

상관계수 계산

분포 파악

데이터

보유한 데이터가 전부

그림 4-2 추리통계학에서는 일부 데이터로 추측한다

가설이 올바른지
판정

전체를 추측

데이터

데이터

보유한 것은
일부 데이터

Point

✔ 기술통계학은 보유한 데이터를 통계적으로 파악할 수 있지만, 관찰하지 않은 데이터는 분석할 수 없다.

✔ 추리통계학은 보유한 일부 데이터로 전체 분포를 추측할 수 있다.

≫ 데이터를 추출한다

모집단과 표본의 관계를 이해한다 \\\\\\\\\\\\\\\\\\\\\\\\\\\\\\\\

우리가 데이터를 분석할 때, 가지고 있는 데이터는 대부분 조사 대상에서 추출된 극히 일부에 불과합니다. 따라서 수집된 일부 데이터만으로 분석하는 추리통계학을 사용합니다.

이때 조사 대상 전체를 **모집단**, 거기서 추출한 일부 데이터를 **표본**이라고 합니다. 예를 들어, 전 국민의 평균 신장을 구한다면 국민 전체는 모집단이 되고 측정한 사람은 표본이 됩니다. 마찬가지로 양초의 연소 시간을 조사한다면, 양초 전체는 모집단이 되고 그 중에서 검사에 사용한 양초는 표본이 됩니다.

추출한 표본의 수를 '표본 크기' 또는 '샘플 사이즈'라고 합니다. 그리고 모집단의 평균을 모평균, 분산을 모분산, 표본의 평균을 표본평균, 분산을 표본분산이라고 합니다.

편향되지 않도록 추출한다 \\\\\\\\\\\\\\\\\\\\\\\\\\\\\\\\\\\\

모집단에서 표본을 추출할 때는 표본을 선택하는 방식이 중요합니다. 예를 들어, 전 국민의 평균 신장을 구하고자 할 때, 중학생들만 모아놓으면 데이터가 편향될 것이 분명합니다. 또한, 남성만 모으거나 운동선수만 모아도 편향이 생길 수 있기 때문에 적절하지 않습니다.

그래서 **최대한 편향을 없애는 방법**을 채택합니다. 이를 **랜덤 샘플링**(무작위 추출)이라고 합니다. 이름 그대로 '작위적이지 않은' 것이 중요합니다. 연령대, 성별, 직종, 주소 등 가능하면 다양한 사람을 선택해 측정함으로써 전 국민의 평균 신장에 가까운 값을 구할 수 있습니다(그림 4-4).

설문조사 등에서 의외로 잊기 쉬운 것이 조사 대상의 편향입니다. 전화 조사에서는 전화를 가지고 있지 않은 사람, 인터넷 조사에서는 인터넷에 접속할 수 없는 사람을 조사할 수 없습니다. 조사 내용에 따라서는 이러한 편향을 없애는 것도 신경 써야만 합니다(그림 4-5).

그림 4-3　모집단과 표본

모집단

일부를 추출

모집단을 추측

표본

그림 4-4　편향을 방지하는 랜덤 샘플링

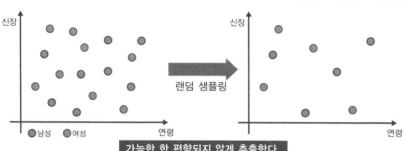

신장

랜덤 샘플링

신장

●남성　●여성　연령

연령

가능한 한 편향되지 않게 추출한다.

그림 4-5　조사 대상 편향의 예

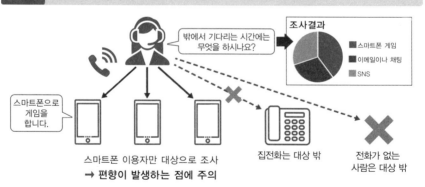

밖에서 기다리는 시간에는
무엇을 하시나요?

조사결과

■스마트폰 게임
■이메일이나 채팅
■SNS

스마트폰으로
게임을
합니다.

스마트폰 이용자만 대상으로 조사
➔ 편향이 발생하는 점에 주의

집전화는 대상 밖

전화가 없는
사람은 대상 밖

Point

✔ 모집단에서 일부를 추출한 것을 표본이라고 하며, 이 표본에서 모집단을 추측한다.

✔ 모집단에서 표본을 추출할 때 편향을 없애는 것을 의식할 필요가 있다.

» 일어날 수 있는 가능성을 수치로 표현한다

통계적 확률과 수학적 확률 //

3-15 절에서는 컴퓨터에서 난수를 이용하여 다양한 값을 생성하는 방법을 소개했습니다. 난수를 이용하면 주사위 굴리기나 제비뽑기 등 뭐가 나올지 알 수 없는 처리를 구현할 수 있습니다. 여기서 어떤 값이 많이 발생하는지 알아보기 위해서 도수 분포표를 작성합니다.

예를 들어, 주사위를 100번 굴렸을 때 그림 4-6과 같은 분포로 나왔다고 하겠습니다. 이때 각 눈이 나온 횟수가 아니라 전체에서 차지하는 비율을 계산합니다. 그림 4-7을 보면 비율은 0과 1 사이의 값이며, 그 값을 합하면 1이 된다는 것을 알 수 있습니다. 이렇게 여러 번 시도해서 나온 눈의 비율을 관측된 출현 빈도를 기반으로 하는 방법을 **통계적 확률**이라고 합니다. 또한, 주사위를 굴리는 것처럼 **여러 번 반복하는 것을 시행이라고 하며, 모두 같은 정도로 발생하는 경우를 등확률이라고 합니다.**

실험 과정이 번거롭기 때문에 일반적으로는 수학적으로 계산한 값을 사용합니다. 등확률일 때는 계산으로 구할 수 있으며, 이를 **수학적 확률**이라고 합니다.

일반적으로 **확률**이라고 하면 이 수학적 확률을 의미하며, 주사위의 경우 그림 4-8과 같이 계산할 수 있습니다. 여기서 '나온 눈'과 같이 **시행에 의해 일어날 수 있는 것을 사건, 사건에 부여되는 값을 확률 변수라고 합니다.**

확률의 평균을 계산한다 //

주사위를 여러 번 굴렸을 때 평균적으로 어떤 값이 나올지 생각해보면, 직관적으로 1, 2, 3, 4, 5, 6의 평균인 3.5라고 생각할 수 있습니다. 주사위라면 모든 눈이 같은 확률로 나오므로 간단하게 계산할 수 있을 것 같지만, 복권처럼 나올 확률이 다른 경우도 있습니다.

이럴 때 구하는 평균을 **기댓값**이라고 합니다. 확률 변수와 확률을 곱하고, 이를 더해 계산할 수 있습니다(그림 4-9).

그림 4-6 주사위를 100번 굴렸을 때 나온 눈의 횟수

눈	1	2	3	4	5	6
횟수	15	17	16	18	14	20

그림 4-7 주사위를 굴렸을 때 나온 눈의 비율(통계적 확률)

눈	1	2	3	4	5	6	합계
비율	$\dfrac{15}{100}$	$\dfrac{17}{100}$	$\dfrac{16}{100}$	$\dfrac{18}{100}$	$\dfrac{14}{100}$	$\dfrac{20}{100}$	1

그림 4-8 주사위를 굴릴 때의 수학적 확률

눈	1	2	3	4	5	6	합계
확률	$\dfrac{1}{6}$	$\dfrac{1}{6}$	$\dfrac{1}{6}$	$\dfrac{1}{6}$	$\dfrac{1}{6}$	$\dfrac{1}{6}$	1

그림 4-9 기대되는 값을 나타내는 기댓값

주사위의 경우

$$1 \times \frac{1}{6} + 2 \times \frac{1}{6} + 3 \times \frac{1}{6} + 4 \times \frac{1}{6} + 5 \times \frac{1}{6} + 6 \times \frac{1}{6} = \frac{21}{6} = 3.5$$

제비뽑기의 경우

등수	1등	2등	3등	꽝
당첨금액	10만원	1만원	1000원	0원
확률	$\dfrac{1}{1000}$	$\dfrac{5}{1000}$	$\dfrac{50}{1000}$	$\dfrac{944}{1000}$

$$10만 \times \frac{1}{1000} + 1만 \times \frac{5}{1000} + 1000 \times \frac{50}{1000} + 0 \times \frac{944}{1000} = \frac{200000}{1000} = 200$$

Point

✔ 확률에는 통계적 확률과 수학적 확률이 있고, 일반적으로는 수학적 확률을 가리킨다.

✔ 기댓값은 확률 변수와 확률을 곱한 값을 더해서 계산할 수 있다.

≫ 여러 일이 동시에 일어날 확률을 생각한다

여러 사건을 다루는 확률

확률은 하나의 사건만 계산하는 것이 아니라 여러 사건을 다룰 때도 있습니다. 예를 들어 두 개의 주사위를 굴려서 '첫 번째 주사위는 짝수가 나오고, 두 번째 주사위는 3의 배수가 나오는' 상황을 가정해 봅시다.

이처럼 여러 가지 사건이 있을 때, 이들이 동시에 일어날 확률을 동시 확률이라고 합니다. 일반적으로 A라는 사건이 일어날 확률을 $P(A)$, B라는 사건이 일어날 확률을 $P(B)$라고 하면, 동시 확률은 $P(A \cap B)$로 표현됩니다. 이 $A \cap B$를 사건 A와 B의 곱사건이라고 합니다.

두 개의 주사위를 던졌을 때 한쪽이 짝수라고 해서 다른 쪽도 짝수가 나오는 것은 아닙니다. 이처럼 여러 사건이 다른 사건에 영향을 미치지 않는 것을 독립이라고 합니다. 독립인 경우 그 동시 확률은 각각의 확률을 곱하여 구할 수 있으며, $P(A \cap B) = P(A) \times P(B)$로 계산할 수 있습니다(그림 4-10).

독립과 혼동하기 쉬운 말로 배반이 있는데, 배반은 동시에 일어나지 않는다는 뜻으로, 주사위를 하나 던졌을 때 2와 3이 동시에 나오지 않는 것과 같은 것을 말합니다.

다른 결과가 전제인 확률

동시 확률과 비슷한 사고방식으로 조건부 확률이 있습니다. 이것은 어떤 사건이 일어났을 때 그 조건 하에서 사건이 발생할 확률로 $P(B \mid A)$라는 기호로 나타냅니다. $P(B \mid A)$는 사건 A를 전체라고 생각했을 때, 그 위에서 사건 B가 일어날 확률이라고 말할 수 있습니다(그림 4-11). 즉, 다음 식으로 나타납니다.

$$P(B \mid A) = \frac{P(A \cap B)}{P(A)}$$

이것은, $P(A \cap B) = P(A)P(B \mid A)$로 변형할 수 있고, 이 식을 확률의 곱셈 정리라고 합니다. 두 사건이 독립이라면 조건부 확률은 그 조건에 좌우되지 않습니다. 다시 말해, $P(A \mid B) = P(A)$이고, $P(B \mid A) = P(B)$입니다.

그림 4-10 동시 확률

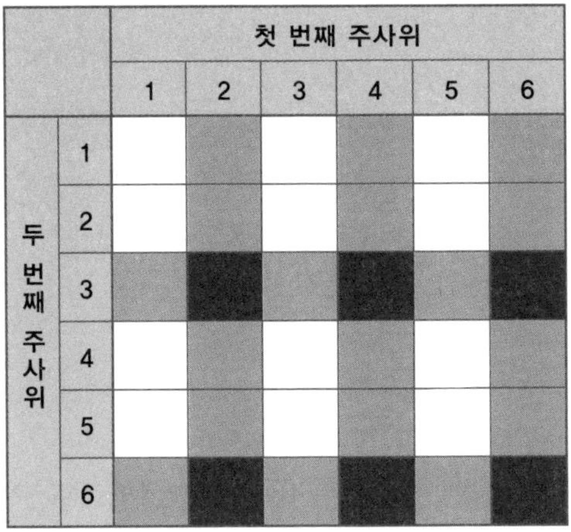

		첫 번째 주사위					
		1	2	3	4	5	6
두 번째 주사위	1						
	2						
	3						
	4						
	5						
	6						

A : 첫 번째 주사위는 짝수가 나온다.
B : 두 번째 주사위는 3의 배수가 나온다.

$$P(A) = \frac{3}{6} = \frac{1}{2}$$

$$P(B) = \frac{2}{6} = \frac{1}{3}$$

$$P(A \cap B) = \frac{6}{36} = \frac{1}{6}$$

$$\downarrow$$

$$P(A \cap B) = P(A) \times P(B)$$

그림 4-11 조건부 확률

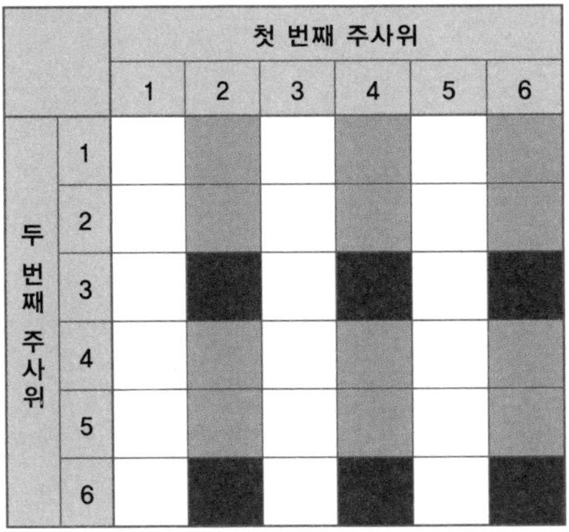

		첫 번째 주사위					
		1	2	3	4	5	6
두 번째 주사위	1						
	2						
	3						
	4						
	5						
	6						

A : 첫 번째 주사위는 짝수가 나온다.
B : 두 번째 주사위는 3의 배수가 나온다.

$$P(A) = \frac{3}{6} = \frac{1}{2}$$

$$P(A \cap B) = \frac{6}{36} = \frac{1}{6}$$

$$P(B|A) = \frac{6}{18} = \frac{1}{3}$$

$$\downarrow$$

$$P(B|A) = \frac{P(A \cap B)}{P(A)}$$

Point

✔ 동시 확률은 사건이 동시에 일어날 확률을 가리키며, 사건이 독립이라면 단순히 각각의 확률을 곱해서 계산할 수 있다.

✔ 조건부 확률은 어떤 사건이 발생했을 때 그 조건 하에서 다른 사건이 추가로 발생할 확률을 말한다.

Chapter **4**

알아두고 싶은 통계학 지식

4-5

사전 확률, 사후 확률, 베이즈 정리, 우도

≫ 결과에서 원인을 생각한다

조건을 추가해서 확률을 갱신한다 ////////////////////////////////////

스팸 메일 판단 등 **정보가 늘어나면 판단 정확도가 높아지는 경우**가 있습니다. 여기서 그 원리를 생각해 봅시다(그림 4-12). 예를 들어, 영어로 된 메일이 도착했을 때 스팸 메일일 확률을 구합니다. A를 스팸 메일, B를 영어 메일이라고 하면 구하고자 하는 확률은 $P(A|B)$입니다.

지금까지 받은 메일을 보면, 영어 메일과 스팸 메일의 비율을 알 수 있습니다. 이것은 미리 알고 있는 확률이며, 이를 **사전 확률**이라고 합니다. 그리고 새로 도착한 메일이 영어라는 것을 알면, 스팸 메일인지 판단하기 위해 그 조건을 사용할 수 있습니다. 이를 **사후 확률**이라고 합니다.

이처럼 영어 메일이 왔다는 것을 알았을 때, 메일이 스팸 메일인지 아닌지를 판단하는 확률을 갱신할 수 있는 정리가 **베이즈 정리**입니다.

곱셈 정리로부터 도출한다 ////////////////////////////////////

확률의 곱셈 정리에서 A와 B를 바꾸면 다음 두 가지 식을 얻을 수 있습니다.

$$P(A \cap B) = P(A) \, P(B \mid A)$$
$$P(A \cap B) = P(B) \, P(A \mid B)$$

각 식의 좌변은 동일하므로 우변끼리 등식으로 만들면 $P(A) \, P(B \mid A) = P(B)$ $P(A|B)$가 되고, 식을 정리하면 $P(A|B) = \frac{P(B \mid A)P(A)}{P(B)}$ 라는 식을 얻을 수 있습니다. 이 $P(A)$를 사전확률, $P(A|B)$를 사후확률, $P(B \mid A)$를 **우도**likelihood라고 합니다(그림 4-13).

우도는 가능도라고도 불리며 '더욱 그럴듯한 정도'라는 뜻으로, 새롭게 얻은 데이터에서 그럴듯한 가능성이 크다고 생각하는 비율입니다. 즉, 사전에 지식이 있고, 새롭게 얻어진 데이터를 바탕으로 지식을 갱신한다는 의미입니다.

그림 4-12 베이즈 정리

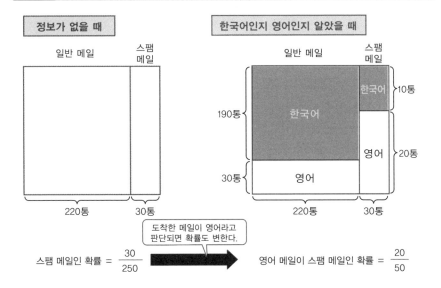

| 정보가 없을 때 | 한국어인지 영어인지 알았을 때 |

일반 메일 / 스팸 메일

220통 / 30통

일반 메일 / 스팸 메일

190통 { 한국어 / 한국어 10통

영어 20통

30통 { 영어

220통 / 30통

스팸 메일인 확률 $= \dfrac{30}{250}$

도착한 메일이 영어라고 판단되면 확률도 변한다.

영어 메일이 스팸 메일인 확률 $= \dfrac{20}{50}$

그림 4-13 베이즈 정리에서의 갱신

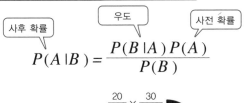

A : 선택한 메일이 스팸 메일이다.
B : 선택한 메일이 영어이다.

사후 확률   우도   사전 확률

$$P(A|B) = \frac{P(B|A)\,P(A)}{P(B)}$$

$$P(A|B) = \frac{\dfrac{20}{30} \times \dfrac{30}{250}}{\dfrac{50}{250}}$$

$$= \frac{20}{50}$$

영어라는 것을 알았기 때문에 스팸 메일일 확률이 높아졌다.

Point

✔ 베이즈 정리를 사용하면, 조건이 추가가 되어 확률을 갱신할 수 있다.
✔ 베이즈 정리는 확률의 곱셈정리 식을 변형하여 도출할 수 있다.

≫ 데이터 분포를 이해한다

이산확률분포 //

주사위를 굴렸을 때 각각의 눈이 나온 횟수는 모두 거의 같았습니다. 수학적 확률에서 소개한 그림 4-8처럼 확률 변수와 그 확률을 나타낸 것을 **확률분포**라고 합니다.

이러한 확률분포를 그래프로 그리면 다양한 형태를 볼 수 있습니다. 예를 들어, 주사위를 굴려 나온 눈은 그림 4-14처럼 균등하게 나열됩니다. 이러한 분포를 **균등분포**라고 합니다.

제비를 여러 번 뽑아서 대길이 나오는 횟수를 세어보면, 대길이 들어있는 수에 따라 분포가 달라집니다. 대길이 들어 있는 확률에 따라 분포를 그리면 그림 4-15처럼 되는데 이를 **이항분포**라고 합니다.

연속확률분포 //

주사위에서 나온 눈은 1부터 6까지의 비연속적인 값이며, 제비를 뽑아서 대길이 나오는 횟수도 정수뿐입니다. 다시 말해, 1.5나 3.2와 같은 소수는 나오지 않습니다. 이런 비연속적인 값을 '이산확률변수'라고 합니다.

반면에 키나 몸무게 등은 소수를 포함한 연속적인 값을 취합니다. 키를 170.1cm, 170.2cm로 세밀하게 조사해도 딱 맞는 사람은 적기 때문에 170cm~175cm와 같은 범위(구간)에 들어가는 확률을 구합니다.

많은 사람의 키를 조사하면 그림 4-16처럼 평균 근처에 많은 데이터가 모이고, 평균에서 멀어질수록 데이터가 적어지는 완만한 곡선을 그리는 분포를 얻을 수 있습니다. 이러한 분포를 **정규분포**(가우스 분포)라고 합니다.

정규분포에서는 평균, 중앙값, 최빈값이 모두 같은 값이 됩니다. 그리고 **분산(표준편차)이 크면 데이터가 넓게 퍼지고, 분산이 작으면 각도가 급격해집니다.**

덧붙여 표준화함으로써 평균이 0, 분산이 1(표준편차도 1)이 되도록 변환한 정규분포를 **표준정규분포**라고 합니다.

그림 4-14 균등분포(주사위 눈의 경우)

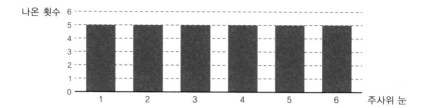

그림 4-15 이항분포(50번 뽑았을 때)

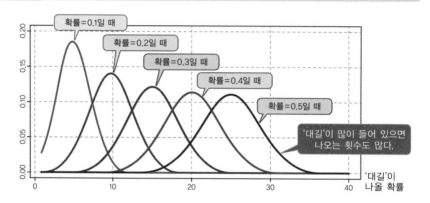

그림 4-16 정규분포의 특징

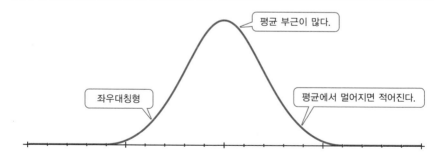

Point

✔ 균등분포는 각각의 값이 같은 정도로 나타나는 분포이다.

✔ 정규분포는 평균 가까이에 많은 데이터가 있고, 평균에서 멀어질수록 데이터가 적어지는 분포이다.

» 많은 데이터를 모으면 원래 값에 가까워진다

표본을 추출해서 분포를 조사한다 \\

확률분포를 알면 기댓값은 간단히 구할 수 있지만, 미지의 데이터에서는 어떻게 분 포하는지 알 수 없는 경우도 있습니다. 이때 해당 데이터를 모두 조사하여 분포를 확 인하는 것은 쉽지 않습니다.

하지만 평균의 분포를 알아보고 싶을 때는 편리한 정리가 있습니다. 추출한 표본의 수가 충분히 많은 경우, 모집단에서 표본을 추출하는 작업을 반복하면 그 표본평균 의 분포가 모집단의 분포와 상관없이 근사적으로 정규분포에 가까워지는데, 이를 **중 심극한정리**Central Limit Theorem라고 합니다(그림 4-17).

많은 표본을 추출하면 표본평균이 모평균에 가까워진다 \\\\\\\\\\\\\\\\\\\\\\\\\\\\\\\\\\\\\\\

중심극한정리는 모집단의 데이터가 어떤 분포라도 성립합니다. 다만 표본평균의 분 포가 정규분포에 가깝다는 것을 알더라도, 모평균을 모르면 의미가 없다고 생각할 지도 모릅니다. 여기서 또 하나 중요한 법칙이 있는데, 이를 **큰 수의 법칙**law of great numbers이라고 합니다.

이는 표본을 많이 추출하면 표본평균이 모평균에 가까워진다는 것을 말합니다. 예를 들어, 주사위를 굴리는 횟수를 늘리면 각 눈의 확률은 1/6에 가까워집니다. 이 역시 큰 수의 법칙에 따르는 것입니다(그림 4-18).

마찬가지로 평균 신장을 구하는 경우를 생각해 봅시다. 한 중학교의 2학년 평균 신장 을 구하면 전국 중학교 2학년의 평균 신장에 가까운 값을 얻을 수 있습니다. 몇 명의 데이터로는 오차가 크지만, 어느 정도 인원을 확보하면 높은 정확도로 전국 평균 신 장에 가까운 값을 얻을 수 있습니다. **데이터가 적으면 오차가 크지만, 어느 정도 양 이 많아지면 정확도가 높아지는 것**입니다.

물론 각 표본평균은 어디까지나 표본 데이터이므로 각 학교의 평균 신장은 다릅니 다. 많은 경우에서 모평균과도 다르지만, 모평균에 가까운 값을 얻을 수 있습니다.

그림 4-17   모집단의 분포에 좌우되지 않는 중심극한정리

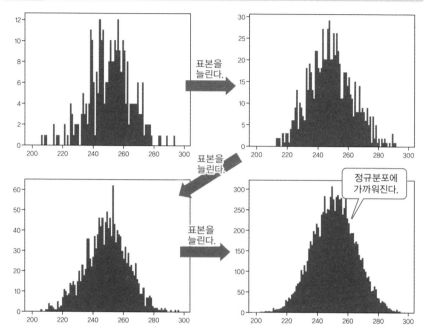

그림 4-18   큰 수의 법칙에서는 모평균에 가까운 값을 얻을 수 있다

나온 눈	1	2	3	4	5	6
30회	5	9	6	4	4	2
비율	0.167	0.3	0.2	0.133	0.133	0.067
100회	14	22	17	16	19	12
비율	0.14	0.22	0.17	0.16	0.19	0.12
300회	51	55	49	51	45	49
비율	0.17	0.183	0.163	0.17	0.15	0.163

Point

✔ 중심극한정리는 모집단의 데이터가 어떤 분포라도 성립한다.

✔ 큰 수의 법칙에 따라 많은 데이터를 추출하면 모평균에 가까운 값을 얻을 수 있다.

Chapter

4

알아두고 싶은 통계학 지식

≫ 함수로 분포를 표현한다

확률 함수 밀도 \\\

연속확률분포에서는 범위를 지정하여 그 구간에 들어가는 확률을 구한다고 소개했습니다. 이때 확률변수를 함수로 표현하는 방법이 사용되는데, 이를 **확률밀도함수**라고 합니다(그림 4-19). 4-6 절에서 소개한 그림 4-16의 정규분포 그래프는 확률밀도함수 그래프입니다.

확률밀도함수는 단순히 '밀도함수' 또는 '확률밀도'라고도 부르며, 그래프의 세로축은 상대적인 발생 가능성을 나타냅니다.

범위 내의 확률을 계산한다 \\

이산확률분포에서 확률은 확률변수에 대응하는 값이었지만, **연속확률분포에서 확률은 확률변수가 어떤 범위에 포함되는 부분의 면적으로 구할 수 있습니다**. 예를 들어, 그림 4-19의 a부터 b 사이에 포함되는 확률은 색칠한 부분을 적분하면 구할 수 있습니다.

확률의 총합은 1이므로 연속확률분포에서도 확률밀도함수의 그래프와 x축으로 둘러싸인 부분의 면적이 확률의 합이며, 그 전체 면적이 1이 됩니다. 당연히 표준정규분포에서는 그래프의 아래쪽 면적이 1입니다.

확률변수 X의 값이 x 이하가 되는 확률을 나타내는 함수를 **누적분포함수**라고 하며, 단순히 분포함수로 부르기도 합니다. 예를 들어, 확률밀도함수가 $y = f(t)$로 표현될 때, 누적분포함수는 다음 식으로 나타냅니다.

$$F(x) = P(X \le x) = \int_{-\infty}^{x} f(t)\,dt$$

x 이하의 확률을 모두 더하므로 누적분포함수는 단조증가monotone increasing합니다. 그리고 x 값을 크게 하면 1에 가까워집니다. 확률밀도함수가 그림 4-20 왼쪽 그래프로 주어졌을 때, 누적분포함수는 그림 4-20 오른쪽처럼 됩니다. 위와 같이 확률을 계산할 수 있으므로 기댓값도 구할 수 있습니다. 기댓값은 확률변수와 확률의 곱으로 구할 수 있으므로, 그림 4-21처럼 적분으로 계산합니다.

그림 4-19 확률밀도함수 그래프

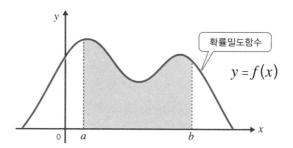

확률밀도함수

$y = f(x)$

그림 4-20 누적분포함수는 단조증가한다

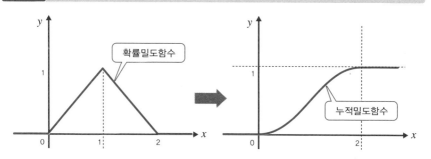

확률밀도함수

누적밀도함수

그림 4-21 연속확률분포에서의 기댓값

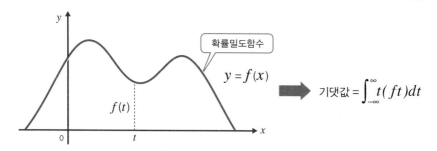

확률밀도함수

$y = f(x)$

$f(t)$

기댓값 $= \displaystyle\int_{-\infty}^{\infty} t(ft)dt$

Point

✔ 함수로 분포를 표현함으로써 연속확률변수에서 확률을 적분으로 계산할 수 있다.

✔ 누적분포함수 그래프를 작성해 보면 단조증가한다.

>> 추출한 데이터로 모집단을 추정한다

하나의 값으로 추정한다 〰〰〰〰〰〰〰〰〰〰〰〰〰〰〰〰〰〰〰〰

추출한 표본을 바탕으로 모평균이나 모분산 등을 추정해 봅시다. 이때 추정에 사용하는 값을 **불편추정량** unbiased estimator이라고 합니다(그림 4-22).

예를 들어, 모평균을 추정할 때 큰 수의 법칙에 따라 표본 수를 늘리면 표본평균이 모평균에 가까워집니다. 따라서 '구한 표본평균을 모평균으로 간주한다'와 같이 하나의 값으로 추정하는 사고방식을 **점추정**이라고 합니다.

구간으로 추청한다 〰〰〰〰〰〰〰〰〰〰〰〰〰〰〰〰〰〰〰〰〰〰

점추정은 이해하기 쉬운 방법이지만, **정확한 값을 추정하는 것은 어려운 일입니다.** 그래서 '일정 범위 안에 모평균이 있다'처럼 일정한 구간으로 추정하는 사고방식을 **구간추정**이라고 합니다.

이때 **'95% 확률로 범위 안에 들어간다'와 같이 범위를 고려하면 대부분 문제가 없을 것**입니다. 이는 표본을 뽑아서 구간을 추정하는 작업을 100번 실시했을 때 95번은 모평균이 그 구간에 들어간다는 것을 의미합니다. 예를 들어, 100개의 중학교에서 자기 학교의 평균 키로 전국 평균을 구간추정했을 때, 95개 학교에서는 전국 평균이 그 범위 안에 들어간다는 뜻입니다.

이러한 구간을 **신뢰구간**이라고 하며, 95%의 신뢰도가 있는 구간을 '95% 신뢰구간'이라고 합니다. 좀 더 엄격하게 범위를 정하고 싶을 때는 99%의 신뢰도가 있는 구간을 사용하며 '99% 신뢰구간'이라고 합니다. 구간으로 추정하기 위해서는 데이터 분포를 고려해야 합니다. 모집단에서 표본을 반복해서 추출하면 중심극한정리에 의해 표본평균의 분포가 정규분포에 가까워집니다.

정규분포에서는 평균에서 1 표준편차 범위에 데이터의 약 68%, 2 표준편차 범위에 데이터의 약 95%, 3 표준편차 범위에 데이터의 약 99.7%가 들어가는 것으로 알려져 있습니다(그림 4-23). 좀 더 정확히 말하면 95%가 되는 것은 1.96 표준편차, 99%가 되는 것은 2.58 표준편차의 범위입니다.

그림 4-22 추정에 사용되는 불편추정량

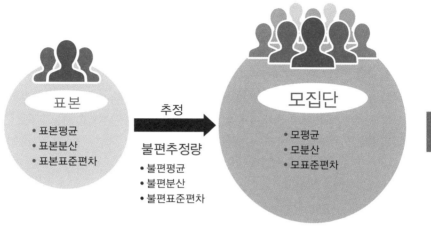

그림 4-23 정규분포에서 데이터가 차지하는 비율

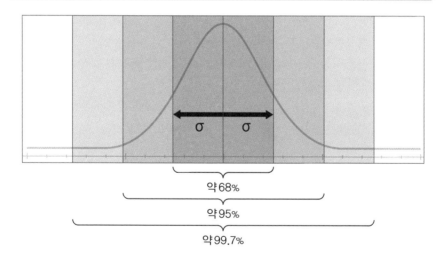

Point

✔ 점추정에서는 모평균 등의 값을 하나의 값으로 추정한다.

✔ 구간추정에서는 모평균 등의 값을 특정 구간으로 추정한다.

✔ 95% 신뢰구간은 표본을 추출해 구간을 추정하는 작업을 100번 시행했을 때 95번은 모평균이 그 구간에 들어가는 것을 가리킨다.

≫ 분산을 모르는 상태에서 추정한다

분산을 추정한다 \\\

앞에서 소개한 표본평균에서 모평균을 추정하는 방법에서는 분산과 표준편차를 사용합니다. 이때 **표본의 분산이 아니라 표본평균을 여러 개 추출했을 때, 그 표본평균 분포의 분산이 필요**합니다(그림 4–24).

보통 우리가 표본을 얻는 것은 '어떤 중학교의 평균 신장'처럼 하나뿐이므로 표본평균의 분포를 알 수 없습니다.

그래서 일반적으로는 표본평균의 분포에서 분산의 추정값으로 모분산을 표본 수로 나누는 값을 사용합니다. 이를 **표준오차**라고 하며, 모분산이 σ^2, 표본 수가 n이면 표준오차는 $\sqrt{\frac{\sigma^2}{n}}$이 되는 것으로 알려져 있습니다.

하지만 추정할 때 모분산을 알고 있는 경우는 많지 않습니다. 따라서 우선 모분산을 추정합니다. 표본분산 계산은 표본의 각 데이터와 표본평균의 차를 이용하기 때문에 표본평균일 때 분산이 최소가 됩니다(표본평균 대신 모평균 등 다른 값을 사용하면 차의 제곱의 합은 커집니다). 다시 말해, 모분산을 추정할 때 다른 값을 사용하면, 분산의 값보다도 커집니다.

그래서 분산을 계산할 때 편차들을 제곱해 합한 값을 표본 수 n으로 나누는 대신 $n-1$로 나눈 것을 추정량으로 사용하는데, 이를 **불편분산**이라고 합니다. 또한 $n-1$을 **자유도**라고 합니다. 불편분산을 s^2이라고 하면 표준오차는 $\sqrt{\frac{s^2}{n}}$이 됩니다.

모분산을 모르는 경우의 분포 \\\

모분산을 아는 경우 정규분포로 모평균을 구간추정하지만, 모분산을 모르는 경우 **t 분포**를 사용합니다. t 분포는 표준정규분포와 비슷한 분포이며, 자유도에 따라 분포 형태가 달라집니다. 예를 들어, 자유도가 1, 5, 10인 t 분포와 표준정규분포를 비교하면 그림 4–25와 같습니다. 자유도가 커질수록 표준정규분포에 가까워지므로, 표본 수가 30을 넘을 때는 정규분포를 사용하고, 30 미만일 때는 일반적으로 t 분포를 사용합니다.

그림 4-24　보통은 표본을 하나 추출한다

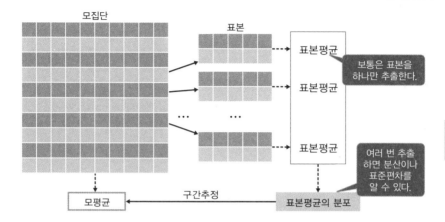

그림 4-25　자유도를 변경한 t 분포와 표준정규분포

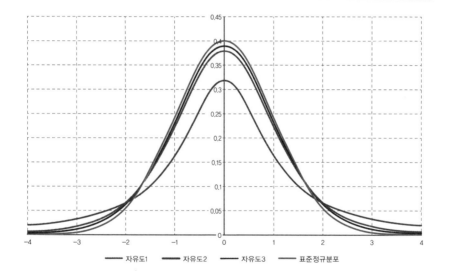

Point

✔ 표준오차는 표본평균의 분포에서 분산의 추정값을 가리킨다.

✔ 모평균의 구간추정에서 모분산을 알고 있는 경우는 정규분포를 사용하지만, 모분산을 모르는 경우는 t 분포를 사용한다.

≫ 통계적으로 검증한다

우연인지 아닌지 조사한다 //

추정에서는 모집단에서 추출한 표본의 평균과 분산을 계산해서 모집단의 평균 등을 예측했습니다. 하지만 애초에 모집단에서 뭔가 이상함을 느꼈을 때 어떻게 확인할 것인지 생각해 봅시다.

예를 들어, 주사위를 던졌을 때 '속임수가 있지 않을까' 의심하거나, 여러 공장에서 생산된 제품을 봤을 때 '같은 제품인데도 차이가 있지 않을까' 의심하는 상황입니다. 또 '수업을 받기 전과 받은 후에 성적이 어떻게 달라졌는지', '약을 투여한 경우와 투여하지 않은 경우에 검사 결과가 다른지' 조사할 경우에도 사용됩니다.

이를 통계적으로 검증하는 작업을 **검정**(통계적 검정)이라고 합니다. 모집단에 변화가 일어나는지, 추출한 표본이 우연히 편향됐는지를 알아보기 위해, **표본으로 추출한 데이터를 바탕으로 '모집단의 평균이나 분산이 어떤 값과 같다(또는 어떤 값보다 크다 · 작다)'는 가설을 검증**합니다.

가설을 설정한다 //

속임수가 없는 주사위에서는 특정 눈이 명백하게 많이 나오는 것은 우연이라고 생각할 수 있습니다. 특정 눈이 많이 나온다는 의심이 들 때, 이를 부정하기 위해 내세우는 반대 주장을 **귀무가설**이라고 합니다. 반면에 검증하고자 하는 '이 주사위는 가짜다'라는 주장을 **대립가설**이라고 합니다. 귀무가설은 '상대방의 주장', 대립가설은 '자신의 주장'으로 대체할 수 있습니다. 이렇게 가설을 세우는 것을 가설검정이라고도 합니다(그림 4-26).

검정에는 그림 4-27과 같이 다양한 종류가 있지만, 그 사고방식은 동일합니다. 먼저 귀무가설과 대립가설을 설정하고 귀무가설이 맞다는 전제하에 검증합니다. 만약 그런 일이 일어날 가능성이 극히 낮다면 '귀무가설이 틀렸다=대립가설이 맞다'고 판단합니다. 이를 **기각**이라고 하며, 귀무가설이 기각되지 않으면 '귀무가설을 수용한다'고 합니다.

그림 4-26 편향이나 변화를 검증하는 검정

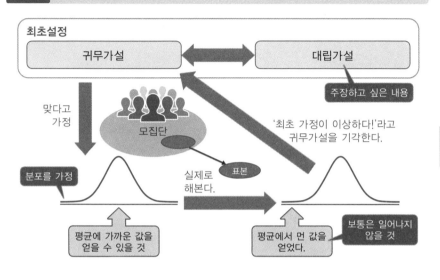

그림 4-27 검정의 종류

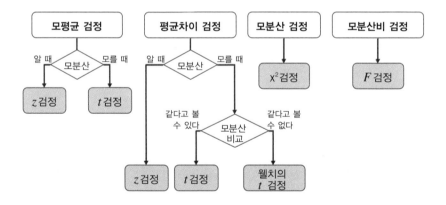

그림 4-26 편향이나 변화를 검증하는 검정

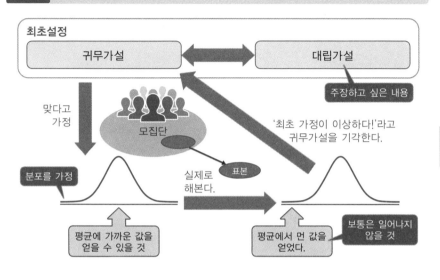

그림 4-27 검정의 종류

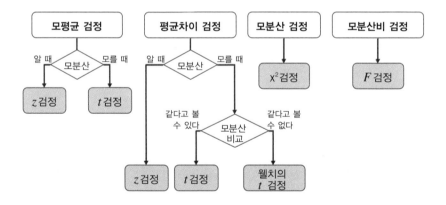

Point

✔ 검증은 추출한 데이터에 편향이 있는 것이 우연인지 우연이 아닌지 조사하기 위해 사용된다.

✔ 귀무가설과 대립가설을 설정하여, 귀무가설이 올바르다는 것을 전제로 검증하고, 만약 발생하기 어려운 일이 일어났다고 생각되면 귀무가설이 틀렸다고 판단한다.

» 맞다고 판단하는 기준을 결정한다

기각 범위를 결정한다

검정에서 귀무가설이 극히 성립하기 어려운 상황을 판단하기 위해 표본으로 추출한 데이터의 분포를 고려해 평균과 분산 등을 계산합니다. 이러한 검정에 사용하는 값을 **검정통계량**이라고 합니다.

예를 들어, 1리터짜리 우유팩을 구입했는데 실제로는 1리터보다 적었다고 가정해 봅시다. 이때 그 하나만 1리터 미만이고 구입하지 않은 것들은 모두 1리터가 들어있을 수 있습니다. 이것이 우연인지, 아니면 전체적으로 양이 적은 것인지 조사해 볼 필요가 있을 것 같습니다. 우유를 몇 병 구입해서 평균을 내고 모집단의 평균을 구해 1리터 미만일 확률이 얼마나 되는지 알아보는 것입니다(그림 4-28).

즉, 데이터에서 계산된 검정통계량을 조사하면 해당 표본 데이터가 얼마나 발생하기 어려운지 판단할 수 있습니다. 여기서는 일정 범위 내에서 판단 오류가 발생할 수 있다고 가정합니다.

검정한 결과, 귀무가설을 기각할 범위를 가리켜 **기각역**이라고 합니다. 이 기각역의 설정 기준을 **유의수준** 또는 위험률이라고 합니다. 유의수준이 5%라면 같은 실험을 100번 시행했을 때 5번 이하로 발생하는 드문 일이 일어났다고 생각합니다. 유의수준으로는 5%를 많이 사용하지만, 인명이 관련된 중요한 판단에서는 1%를, 조건이 느슨해도 괜찮으면 10%를 사용합니다.

양측검정과 단측검정

우유가 1리터보다 많은지 적은지 알아보고 싶은 경우, 통계량의 분포로 정규분포를 생각하고 그 양쪽 5%(좌우 2.5%씩) 범위를 기각역으로 설정합니다. 이를 **양측검정**이라고 합니다(그림 4-29).

1리터보다 많을 수는 없고 1리터보다 적은 것을 검정하는 것처럼 한쪽이 옳다는 것이 거의 확실할 경우에는 한쪽만 5%로 설정합니다. 이를 **단측검정**이라고 합니다.

그림 4-28 유의수준 설정

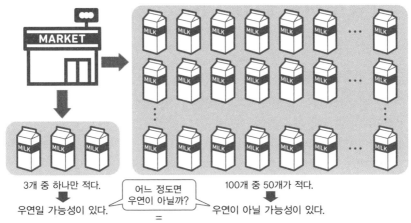

3개 중 하나만 적다.

우연일 가능성이 있다.

어느 정도면
우연이 아닐까?
=
유의수준 설정이 필요

100개 중 50개가 적다.

우연이 아닐 가능성이 있다.

그림 4-29 양측검정과 단측검정의 기각역(표준정규분포에서 5%인 경우)

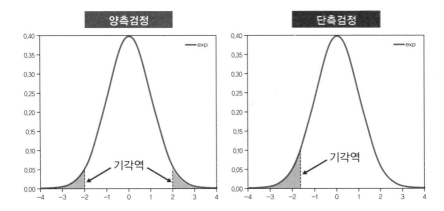

양측검정

단측검정

기각역

기각역

Point

✔ 기각역은 귀무가설을 기각하는 범위를 말하며 유의수준에 따라 결정된다.

✔ 유의수준으로 일반적으로 5%를 사용하지만, 중요한 판단에서는 1%를 사용하고 조
  건이 느슨해도 되는 경우에는 10%를 사용한다.

✔ 양측검정에서는 분포 양쪽에 기각역을 설정하고, 단측검정에서는 분포 한쪽에 기각
  역을 설정한다.

≫ 검정 결과를 판단한다

극단값이 관측될 확률

귀무가설이 성립한다는 것을 전제로, 계산된 검정통계량보다 극단값이 관측될 확률을 **p값**이라고 합니다. 예를 들어, 유의수준이 5%인 경우 p값이 0.05보다 작으면 우연성의 영향은 작다고 판단할 수 있습니다. 즉, '95% 이상의 확률로 우연이 아닌 차이가 있다'라는 상황을 가리키고, 이를 **유의차**가 있다(차이가 있다)라고 합니다.

덧붙여, **기각역은 검정을 실시하기(표본을 추출하기) 전에 결정해 둬야만 합니다.** 나중에 '5%면 기각되니까 10%로 변경하자'라고 해서는 검정을 실시하는 의미가 없습니다(그림 4-30).

검정 결과에 오류가 있을 가능성을 알아본다

검정에서 기각되면 통계적으로 대립가설이 인정됐다고 생각할 수 있습니다. 그러나 기각역에 들어가 귀무가설이 기각되고 대립가설이 채택되더라도 그것이 틀린 경우도 있다는 점에 주의가 필요합니다.

예를 들어, 유의수준 5%로 검정해서 기각되는 경우는 5%보다 작은 확률로 일어날 정도로 드물지만, 어디까지나 확률이므로 절대적으로 옳다고는 할 수 없습니다(그림 4-31).

표본 데이터로 확률적인 결론을 내리기 때문에 대체로 문제가 없더라도 **일부 데이터에서는 잘못된 답이 나올 수 있습니다.** 이를 **오류**라고 하며, **1종 오류**와 **2종 오류**로 나뉩니다.

1종 오류는 귀무가설이 맞음에도 불구하고 귀무가설을 기각하고 대립가설을 채택하는 것으로, 오검출이라고도 합니다. 즉, 맞는 것을 틀렸다고 결론지어 버리는 것입니다(그림 4-32).

2종 오류는 대립가설이 맞는데도 귀무가설을 수용하는 것으로, 검출 누락이라고도 합니다. 즉, 잘못된 것임에도 불구하고 놓치는 것입니다.

그림 4-30 검정 순서

귀무가설을 임시로 인정한다
• 귀무가설이 맞다고 가정한다.
• 그런 다음 통계량의 분포를 정한다.
기각역을 설정한다
• 유의수준을 결정한다.
• 양측검정인지 단측 검정인지 결정한다.
표본을 추출한다
• 추출한 표본으로 통계량을 구한다.
• 기각역에 들어가면 귀무가설을 기각한다.

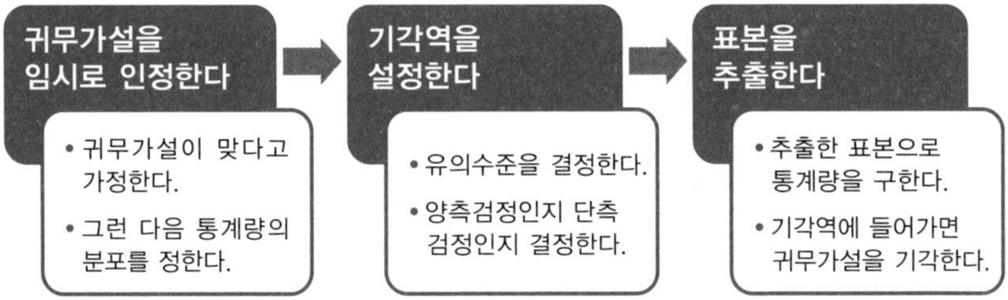

그림 4-31 검정 결과, 오류가 일어날 가능성이 있다

귀무가설
대립가설
2종 오류
1종 오류

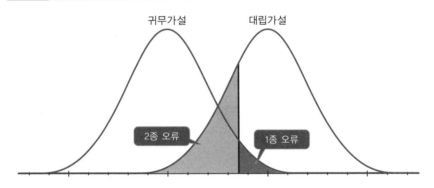

그림 4-32 검정 결과 판단

		검정 결과	
		p값≧0.05	p값<0.05
현실	귀무가설이 맞다	귀무가설을 수용 (맞다고는 할 수 없다)	1종 오류 (오검출)
	대립가설이 맞다	2종 오류 (검출 누락)	귀무 가설을 기각 (대립 가설 채택)

Point

- ✔ 귀무가설이 맞는데 기각해 버리는 것을 1종 오류나 오검출이라고 한다.
- ✔ 대립가설이 맞는데 귀무가설을 수용해 버리는 것을 2종 오류나 검출 누락이라고 한다.

≫ 평균을 검정한다

모분산을 아는 경우에 사용하는 검정 \\

우유가 1리터인지 아닌지를 검정하는 장면에서는 크게 두 가지 상황을 생각할 수 있습니다. 하나는 생산자가 **과거 데이터를 바탕으로 검정**하는 경우입니다. 이 경우는 과거의 모평균이나 모분산과 같은 데이터를 가지고 있습니다. 그 데이터를 바탕으로 현재 제품을 몇 개 추출해서 과거와 비교하여 변화가 없는지 검증하는 것입니다.

과거 1년간의 데이터에서 평균이 1리터이고, 분산 값도 알고 있다고 가정해봅시다. 모평균도 모분산도 변하지 않는다고 하면, 표본평균도 1리터가 될 것입니다. 따라서 모평균을 μ로 하고, 귀무가설 $\mu=1$과 대립가설 $\mu<1$을 유의수준 5%로 검정합니다. 이번에는 대립가설이 1리터보다 적은지를 판단하고자 하므로 단측검정을 사용합니다.

그림 4-33의 식으로 표준화하면, 모평균과 표본평균의 차의 분포는 표준정규분포가 되므로 이 z 값이 기각역에 들어가는지 검정합니다. 이를 **z 검정**이라고 합니다.

모분산을 모르는 경우에 사용하는 검정 \\

다른 하나는 소비자가 몇 가지 상품을 구입해서 검정하는 경우입니다. 이 경우, 모평균이나 모분산과 같은 데이터는 없습니다. 그래서, **실제 측정한 값으로 검정**합니다 (그림 4-34).

모평균을 μ로 하고 귀무가설 $\mu=1$, 대립가설 $\mu<1$을 유의수준 5%로 검정합니다. 이때도 대립가설이 1리터보다 적은지 판단하고자 하므로 단측검정을 사용합니다.

t 분포 설명에서 소개한 것처럼 모분산을 모를 경우 추정값으로 모분산을 불편분산으로 대체해 사용합니다. 단, 이때는 정규분포가 아니라 자유도 $n-1$인 t 분포를 따릅니다. 따라서 z 검정 식에서 모평균과 표본평균의 차의 분포를 표준화하는 부분에서 불편분산을 사용해 구한 t 값이 자유도 $n-1$인 t 분포의 기각역에 속하는지를 검정합니다. 이를 **t 검정**이라고 합니다.

그림 4-33 z 검정은 모분산을 알고 있는 상태에서 사용된다

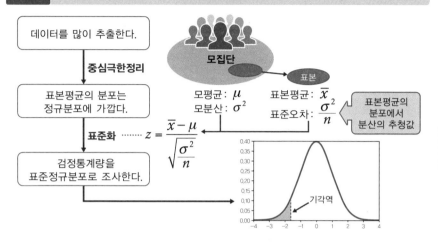

데이터를 많이 추출한다.

↓ **중심극한정리**

표본평균의 분포는
정규분포에 가깝다.

↓ **표준화** ⋯⋯ $z = \dfrac{\overline{x} - \mu}{\sqrt{\dfrac{\sigma^2}{n}}}$

검정통계량을
표준정규분포로 조사한다.

모집단 → 표본

모평균 : μ　　표본평균 : $\overline{x}$
모분산 : σ^2　　표준오차 : $\dfrac{\sigma^2}{n}$ ← 표본평균의 분포에서 분산의 추정값

기각역

그림 4-34 t 검정은 모분산을 모르는 상태에서 사용된다

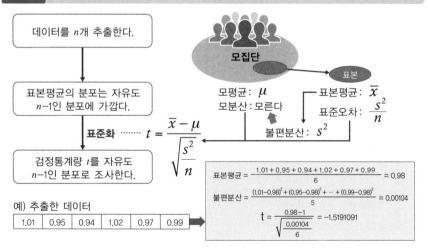

데이터를 n개 추출한다.

↓

표본평균의 분포는 자유도
$n{-}1$인 분포에 가깝다.

↓ **표준화** ⋯⋯ $t = \dfrac{\overline{x} - \mu}{\sqrt{\dfrac{s^2}{n}}}$

검정통계량 t를 자유도
$n{-}1$인 분포로 조사한다.

모집단 → 표본

모평균 : μ　　표본평균 : $\overline{x}$
모분산 : 모른다　　표준오차 : $\dfrac{s^2}{n}$

불편분산 : s^2

예) 추출한 데이터

1.01	0.95	0.94	1.02	0.97	0.99

표본평균 $= \dfrac{1.01 + 0.95 + 0.94 + 1.02 + 0.97 + 0.99}{6} = 0.98$

불편분산 $= \dfrac{(1.01-0.98)^2 + (0.95-0.98)^2 + \cdots + (0.99-0.98)^2}{5} = 0.00104$

$t = \dfrac{0.98 - 1}{\sqrt{\dfrac{0.00104}{6}}} = -1.5191091$

Point

✔ z 검정은 모분산을 아는 상태에서 관측한 표본평균으로 모평균을 검정할 때 사용된다.

✔ t 검정은 모분산을 모르는 상태에서 관측한 표본평균으로 모평균을 검정할 때 사용된다.

≫ 분산을 검정한다

표본으로 모분산을 검증한다 //

z 검정이나 t 검정에서는 평균을 검정했지만, 평균이 같더라도 분포를 보면 흩어진 정도가 다릅니다. 그래서 흩어진 정도를 조사하는 분산과 표준편차에 대해서도 검정 하는 것을 생각해 봅시다.

예를 들어, 어떤 가게에서 지금까지 상품 제공에 걸렸던 시간의 분산이 50이었다고 가정하겠습니다. 오늘 직원들이 상품 제공에 걸린 시간의 분산이 이전과 달라졌는지 유의수준 10%로 검정하는 등의 예를 생각해 볼 수 있습니다.

분산은 그림 4-35의 식으로 구한 검정통계량이 자유도 n-1인 χ^2 **분포**(카이제곱 분포)를 따르는 것으로 알려져 있습니다. χ^2 분포는 t 분포와 마찬가지로 자유도에 따라 분포 형태가 달라지며, 자유도가 증가할수록 정규분포에 가까워집니다. 예를 들어, 그림 4-36은 자유도 3, 5, 10, 20인 χ^2 분포입니다. 귀무가설과 대립가설을 결정하고 유의수준에서 기각역을 설정하여 그 범위에 들어가는지 검정하는 방법을 χ^2 **검정**(카이제곱 검정)이라고 합니다.

표본으로 모분산의 차이를 검정한다 //

여러 모집단에 대한 분산에 차이가 있는지 확인하고 싶은 경우도 있습니다. 예를 들어, 디자인 A와 B 중 어느 쪽이 좋은지 판단할 때, 그 평가를 보면 평균은 같더라도 분산이 다른 경우가 있습니다. 이때 통계량으로는 그림 4-37에서 계산할 수 있는 F 값을 사용합니다. 이는 두 모집단에서 추출한 표본의 불편분산으로 계산한 것입니다.

분모와 분자 모두 제곱 값이므로 F 값은 0보다 작아질 수 없습니다. 또한 분산의 비율이므로 표본 수를 맞출 필요가 없어, 한쪽 데이터가 20개이고 다른 한쪽 데이터가 30개라도 상관없습니다.

각 데이터 수를 n_A, n_B라고 하면, F 값은 자유도 (n_A-1, n_B-1)인 F 분포를 따릅니다. F 분포로 귀무가설과 대립가설을 결정하고 유의수준으로 기각역을 설정해 해당 범위에 들어가는지 여부로 검정할 수 있으며, 이를 F **검정**이라고 합니다.

그림 4-35 χ² 검정에서는 모분산을 검정할 수 있다

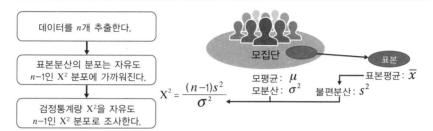

데이터를 n개 추출한다.

표본분산의 분포는 자유도 $n-1$인 X² 분포에 가까워진다.

검정통계량 X²을 자유도 $n-1$인 X² 분포로 조사한다.

$$X^2 = \frac{(n-1)s^2}{\sigma^2}$$

모집단

표본

모평균: μ
모분산: σ^2

표본평균: $\overline{x}$
불편분산: s^2

그림 4-36 χ² 분포는 자유도에 따라 분포가 달라진다

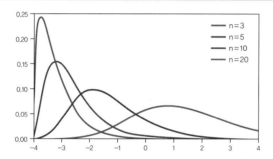

— n=3
— n=5
— n=10
— n=20

그림 4-37 F 검정에서는 모분산의 차를 검정할 수 있다

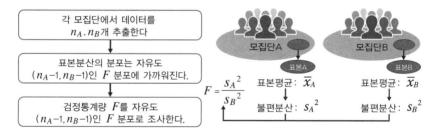

각 모집단에서 데이터를 n_A, n_B개 추출한다

표본분산의 분포는 자유도 (n_A-1, n_B-1)인 F 분포에 가까워진다.

검정통계량 F를 자유도 (n_A-1, n_B-1)인 F 분포로 조사한다.

$$F = \frac{s_A^2}{s_B^2}$$

모집단A

모집단B

표본A

표본B

표본평균: $\overline{x}_A$

불편분산: s_A^2

표본평균: $\overline{x}_B$

불편분산: s_B^2

Point

✔ χ^2 검정은 표본에서 계산한 불편분산으로 모분산을 검정할 때 사용된다.

✔ F 검정은 표본에서 계산한 불편분산으로 모분산의 차이를 검정할 때 사용된다.

4장에서는 우유가 1리터 들어있는지 검정하는 방법을 소개했습니다. 이러한 검정 과정을 이해하기 위해서는 실제로 손을 움직여서 계산하는 것이 중요합니다.

주변에 있는 식품 등을 이용해서 실제로 검정해 보세요. 예를 들어, 500ml 물 병 몇 개를 사용해서 무게를 측정해봅시다.

g	g	g	g	g	g

그리고 귀무가설을 '500g과 같다', 대립가설을 '500g보다 적다'로 설정하고 유의수준 5%로 단측검정을 실시합니다. 위와 같이 데이터가 6개라면 자유도 5인 t 분포를 생각합니다. 엑셀에서 자유도 5인 t 분포에서 하위 5% 점을 조사하려면 '=T.INV(0.05,5)'와 같이 입력하면 됩니다. 계산한 값이 이 값보다도 작아지면 기각역에 들어갔다고 판단할 수 있습니다.

그리고 표본평균과 불편분산을 계산합니다. 엑셀에서는 AVERAGE 함수를 사용하여 평균을, VAR.S 함수를 사용하여 불편분산을 계산할 수 있습니다.

만약 A1부터 F1까지 6개 셀에 데이터를 입력했다면, A2 셀에 '=AVERAGE(A1:F1)'을, B2 셀에 '=VAR.S(A1:F1)'을 입력합니다. 또한 C2 셀에는 원래 값인 '500'을 입력해 둡니다.

그리고 나서 본문에서도 등장했던 다음 식으로 t 값을 구합니다.

$$t = \frac{\overline{x} - \mu}{\sqrt{\dfrac{s^2}{n}}}$$

D2셀에 '=(A2−C2)/SQRT(B2/6)'라고 입력하면, 계산된 t값이 표시됩니다. 이 값이 하위 5% 점의 값보다 작은지 확인하세요.

알아두면 좋은 AI 지식

자주 사용되는 기법과 그 메커니즘

Data Science

» 인간처럼 똑똑한 컴퓨터를 만든다

똑똑한 컴퓨터란? //

'바둑이나 장기에서 인간을 이겼다'는 등 똑똑한 컴퓨터에 관한 뉴스가 늘고 있습니다. 인간처럼 똑똑하게 동작하는 컴퓨터를 **인공지능(AI: Artificial Intelligence)**이라고 부릅니다.

'똑똑하다'라는 말은 사람마다 생각하는 게 다르겠지만, 컴퓨터가 스스로 상황을 이해하고 판단해서 행동하는 AI가 이상적이겠지요. 하지만, 현실적으로는 아직 먼 이야기입니다. 현재의 AI도 상당히 똑똑해졌지만, 인간처럼 사고하는 컴퓨터는 아직 실현되지 않았습니다.

사람과 같이 사고하는 AI를 '강한 AI'라고 하며, 바둑이나 장기, 이미지 처리와 같은 특정 분야에 특화된 탐색과 추론에 사용되는 AI를 '약한 AI'라고 합니다(그림 5-1).

인간만큼 '똑똑하다'고 판단하는 기준 ////////////////////////////////

에어컨, 냉장고와 같은 대형 가전제품이나 스마트 스피커, 면도기와 같은 소형 가전제품 등 모든 분야에서 AI라는 단어가 사용되고 있습니다. 하지만 사용자가 '똑똑하다'고 생각하는 기능을 탑재했다는 이유만으로 AI라고 부르는 경우도 있습니다.

어디까지를 AI라고 정의할 것인지는 어려운 문제이지만, 똑똑하다고 느끼는 지표 중하나로 **튜링 테스트**를 들 수 있습니다. 예를 들어, 누군가와 채팅하는 상황을 생각해 보겠습니다. 이때 상대방이 누군지 모르는 것으로 가정합니다(그림 5-2).

대화 내용 외에는 상대방에 대한 정보가 주어지지 않은 상태에서 채팅하고, 그 대화가 끝난 단계에서 상대방이 사람인지 컴퓨터인지 구분할 수 없다면 인간만큼 똑똑하다고 판단할 수 있습니다. 이는 비단 채팅뿐만 아니라 **다양한 상황에서의 판단 기준**으로 사용할 수 있습니다. 청소가 끝난 단계에서 사람이 청소를 했는지, 컴퓨터가 청소를 했는지 판단할 수 없을 정도라면 AI라고 해도 충분할지도 모릅니다.

그림 5-1 강한 AI와 약한 AI

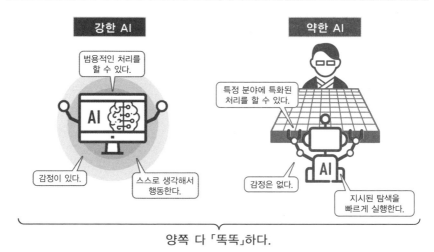

강한 AI

범용적인 처리를 할 수 있다.

AI

감정이 있다.

스스로 생각해서 행동한다.

약한 AI

특정 분야에 특화된 처리를 할 수 있다.

감정은 없다.

지시된 탐색을 빠르게 실행한다.

AI

양쪽 다 「똑똑」하다.

그림 5-2 기계의 똑똑함을 측정하는 튜링 테스트

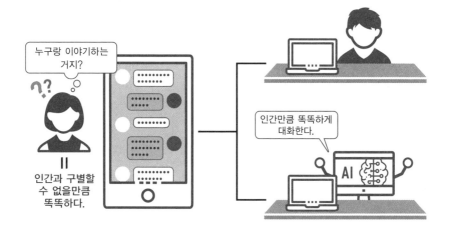

누구랑 이야기하는 거지?

=

인간과 구별할 수 없을만큼 똑똑하다.

인간만큼 똑똑하게 대화한다.

AI

Point

✔ 인공지능(AI)는 인간처럼 똑똑하게 동작하는 컴퓨터이지만, 아직 인간과 같이 생각할 수 있는 AI는 실현되지 않았다.

✔ 튜링 테스트는 AI를 똑똑하다고 느끼는 지표로 사용된다.

≫ 인공지능을 실현하는 기법

컴퓨터가 스스로 학습한다 〟〟〟〟〟〟〟〟〟〟〟〟〟〟〟〟〟〟〟〟〟〟〟〟〟〟〟〟〟

AI를 실현하는 기술 중 하나로 **머신러닝**(기계학습)이 있습니다. 이름에서 알 수 있듯이 기계가 스스로 학습하는 것을 의미하며, 인간이 규칙을 알려주지 않아도 데이터만 주면 자동으로 학습합니다.

일반적인 소프트웨어는 인간이 데이터에서 규칙을 생각해내고 이를 프로그램으로 구현합니다. 컴퓨터는 만들어진 프로그램에 따라 처리만 할 뿐이지만, 머신러닝에서는 컴퓨터가 데이터에서 규칙을 생각해냅니다. 학습용 프로그램은 사람이 만들지만, **어떤 규칙이 될지는 컴퓨터가 계산을 통해 자동으로 구해줍니다**(그림 5-3).

머신러닝의 종류 〟〟〟〟〟〟〟〟〟〟〟〟〟〟〟〟〟〟〟〟〟〟〟〟〟〟〟〟〟〟〟〟〟

입력과 출력이 짝을 이루는 데이터를 제공하고, 원하는 출력에 가까운 결과를 얻을 수 있도록 조정하는 방법을 **지도학습**이라고 합니다. 올바른 데이터가 많이 주어지면, 입력에 가까운 값에 대해서 정답에 가까운 값을 출력할 수 있습니다.

우리 주변에는 인간도 정답을 알 수 없는 문제나 정답을 준비하기 어려운 문제도 있습니다. 이때는 정확한 출력을 모르는 상태에서 입력 데이터만 주어집니다. 주어진 데이터에서 공통점을 찾아내고 그 특징을 학습하는 방법을 **비지도학습**이라고 합니다. 정확한 분류 방법인지는 알 수 없지만, 비슷한 특징을 가진 데이터를 몇 개의 그룹으로 나누어 비슷한 특징을 가진 그룹을 출력할 수 있습니다(그림 5-4).

인간이 정답이나 오답(성공이나 실패)을 주는 것이 아니라, 컴퓨터가 시행착오를 거친 결과에 대해 좋은 결과라면 보상을 주어 그 보상을 극대화하도록 학습하는 방법으로 **강화학습**이 있습니다. 바둑이나 장기에서 어떤 국면에서의 정답은 인간도 알 수 없지만, 최종적으로 이겼는지 졌는지는 알 수 있으므로 이를 학습에 활용하는 것입니다.

그림 5-3 머신러닝

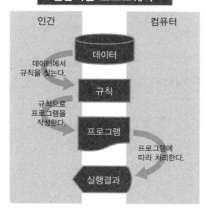

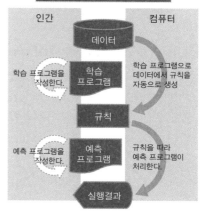

(일반적인 소프트웨어 / 머신러닝 다이어그램)

그림 5-4 지도학습과 비지도학습

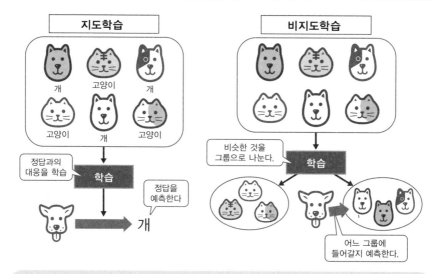

Point

✔ 머신러닝이란 인간이 제공한 데이터로 컴퓨터가 자동으로 학습하는 기술을 가리킨다.

✔ 머신러닝은 지도학습, 비지도학습, 강화학습의 세 가지로 분류할 수 있다.

Chapter
5

읽어두면 좋은 AI 지식

≫ 인공지능을 평가하는 지표

머신러닝의 모델을 평가하는 지표 //

머신러닝 학습 상황을 확인할 때 원하는 결과를 얻고 있는지 수치로 평가하고 싶을 것입니다. 지도학습이라면 훈련 데이터로 정답이 될 데이터가 준비되어 있으므로, 이 데이터와 비교하면 원하는 결과를 얻고 있는지 판단할 수 있습니다.

예를 들어, 10건의 데이터를 머신러닝으로 예측하면 그림 5-5와 같은 예측 결과를 얻을 수 있다고 합시다. 이 건수를 정리한 표가 **혼동행렬**confusion matrix이고 표에서 왼쪽 위와 오른쪽 아래가 정답 건수입니다. 표를 보면 10개 중의 7개가 정답이므로 $\frac{7}{10}$ = 0.7이고 70%가 정답이라고 판단할 수 있습니다. 이 비율을 **정답률**이라고 합니다. 정답률로 판단할 수 있는 경우도 있지만, 데이터에 편향이 있으면 정답률로는 판단하기 어려운 경우가 있습니다. 예를 들어, 개와 고양이 사진이 100장 있는데, 그중 95장이 개 사진이라고 가정해 봅시다. 이때 아무 생각 없이 모두 개라고 예측하면 정답률이 95%가 됩니다.

그래서 그림 5-6과 같은 **적합률**이나 **재현율**이라는 지표를 사용하기도 합니다. 단, 이 둘은 어느 한쪽이 높아지면 다른 한쪽이 낮아지는 트레이드오프 관계에 있으므로, 적합률과 재현율의 조화 평균을 취한 **F값**을 사용하는 경우도 있습니다.

복수의 데이터로 효율적으로 검증한다 //

같은 훈련 데이터를 사용하면 얻을 수 있는 결과도 비슷해지기 때문에 주어진 데이터를 두 그룹으로 나누어 한 쪽은 훈련 데이터로, 다른 한 쪽은 검증 데이터로 사용하는 방법이 있습니다.

나누는 방식에 정해진 비율이 있는 것이 아니라, 실행할 때마다 훈련 데이터와 검증 데이터를 바꾸는 **교차검증**을 사용하는 경우도 있습니다. 예를 들어, 주어진 데이터를 4개 그룹으로 나누어 3개는 훈련 데이터, 1개는 검증 데이터로 평가합니다. 그런 다음 데이터를 교체합니다(그림 5-7).

그림 5-5 혼동행렬과 정답률

데이터	A	B	C	D	E	F	G	H	I	J
예측	개	개	개	개	개	개	고양이	고양이	고양이	고양이
정답	개	개	고양이	개	개	고양이	개	고양이	고양이	고양이

혼동행렬

		결과(정답) 데이터	
		개 이미지	개 이외의 이미지
예측 데이터	개 이미지	4	2
	개 이외의 이미지	1	3

예) 개 이미지로 예측했지만 실제로는 개가 아닌 다른 이미지인 건수

$$정답률 = \frac{4+3}{4+2+1+3}$$

예)개라고 예측해서 실제로 개였거나 개가 아니라고 예측해서 실제로 개가 아니었던 비율

그림 5-6 적합률, 재현률, F값

		결과(정답) 데이터	
		개 이미지	개 이외의 이미지
예측 데이터	개 이미지	a	b
	개 이외의 이미지	c	d

$$적합률 = \frac{a}{a+b} \qquad 재현율 = \frac{a}{a+c} \qquad F\ 값 = \frac{2}{\dfrac{1}{적합률}+\dfrac{1}{재현율}} = \frac{2 \times 적합률 \times 재현율}{적합률 + 재현율}$$

개라고 예측한 건수 중에서 실제로 개였던 비율

개 이미지 중 개라고 예측한 비율

그림 5-7 교차 검증

1회	훈련 데이터	훈련 데이터	훈련 데이터	검증 데이터	→ 평가
2회	훈련 데이터	훈련 데이터	검증 데이터	훈련 데이터	→ 평가
3회	훈련 데이터	검증 데이터	훈련 데이터	훈련 데이터	→ 평가
4회	검증 데이터	훈련 데이터	훈련 데이터	훈련 데이터	→ 평가

Point

✔ 머신러닝 모델을 평가할 때 혼동행렬로 정리하고, 정답률, 적합률, 재현율, F값 등을 사용한다.

✔ 특정 데이터에 특화되는 것을 방지하기 위해 교차검증이 사용된다.

Chapter 5
읽어두면 좋은 AI 지식

≫ 학습 진행 상황을 파악한다

특정 데이터로 지나치게 학습한 상태

훈련 데이터로 학습한 단계에서 높은 정답률을 얻는 경우가 있습니다. 좋은 일처럼 여겨질 수도 있지만, **훈련 데이터에만 최적화되어 있어, 검증 데이터에서는 정답률이 올라가지 않는 상황이 발생**할 수 있습니다. 이런 경우는 그림 5-8의 왼쪽과 같이 훈련 데이터에 특화된 모델이 만들어진 상태이며, 이를 **과적합**overfitting이라고 합니다. 과적합된 모델은 일반적인 데이터에 적용할 수 없으며, 정확도를 높이기 위해선 시간도 더 걸립니다.

과적합이 일어나는 이유는 매개변수 수가 너무 많거나 훈련 데이터가 너무 적은 것을 원인으로 생각할 수 있습니다. 주어진 훈련 데이터 수에 비해 모델이 복잡하여, 훈련 데이터에 지나치게 적합되어 있는 것입니다.

학습이 진행되지 않은 상태

과적합과 반대로 훈련 데이터에 적합하지 않은 상태를 **과소적합**underfitting이라고 합니다. 모델이 너무 단순한 것도 원인이 될 수 있으며, 훈련 데이터에서도 높은 정답률을 얻지 못하고 검증 데이터에서도 데이터가 늘어날수록 오차가 커집니다.

이 과적합과 과소적합 상태를 파악하기 위해서 데이터 수를 늘렸을 때 정답률 변화 등에 주목하는 방법이 있습니다.

훈련 데이터 수가 적을 때는 정답률이 변동해도, 데이터 수를 늘리면 일정한 정답률로 안정화되는 경우가 있습니다. 테스트 데이터도 적을 때는 훈련 데이터와 전혀 다른 데이터가 나타나 정답률이 낮지만, 개수를 늘려가면 조금씩 정답률이 높아져 일정한 값으로 안정화됩니다.

어느 정도 높은 정확도로 안정화되고 **훈련 데이터와 테스트 데이터에서 모두 비슷한 결과에 가까워지면 학습이 잘 되었다고 볼 수 있습니다.** 학습이 잘 진행되지 않으면 훈련 데이터에서의 정답률이 낮은 값에 가까워지고, 테스트 데이터에서도 낮은 상태가 지속됩니다. 반대로 과적합이 되면 훈련 데이터에서의 정확도가 테스트 데이터보다 압도적으로 높아집니다(그림 5-9).

그림 5-8 훈련 데이터에 지나치게 특화된 과적합

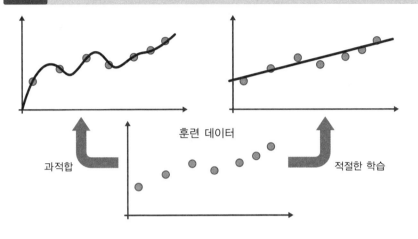

훈련 데이터

과적합

적절한 학습

그림 5-9 정답률의 변화로 판단

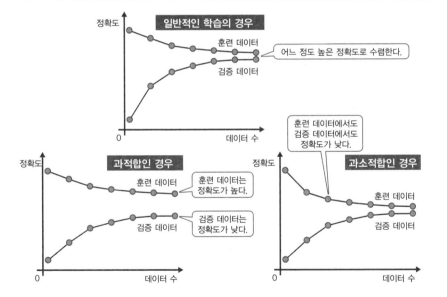

정확도

일반적인 학습의 경우

훈련 데이터

검증 데이터

어느 정도 높은 정확도로 수렴한다.

0   데이터 수

정확도

과적합인 경우

훈련 데이터

검증 데이터

훈련 데이터는 정확도가 높다.

검증 데이터는 정확도가 낮다.

0   데이터 수

정확도

훈련 데이터에서도 검증 데이터에서도 정확도가 낮다.

과소적합인 경우

훈련 데이터

검증 데이터

0   데이터 수

Point

✔ 훈련 데이터에 특화된 모델이 된 것을 과적합이라고 한다.

✔ 훈련 데이터에도 적합하지 않은 상태를 과소적합이라고 한다.

» 두뇌를 모방한 학습 방법

뉴런으로 신호를 전달한다 //

머신러닝 기법으로 많이 사용되는 것이 **신경망**입니다. 연결된 신경세포(뉴런)를 통해 신호를 전달하는 구조가 두뇌와 비슷하다고 생각하고 이를 수학적 모델로 표현한 방식입니다.

신경망은 입력층, 중간층(은닉층), 출력층이라는 계층 구조로 되어 있습니다. 입력층에서 입력된 값이 중간층의 뉴런을 경유하여 계산되고 결과가 출력층으로 전달되어 출력됩니다(그림 5-10).

이 계산에 사용되는 것이 '가중치'이며, 이 값을 조정하는 것이 머신러닝의 학습에 해당합니다. 지도학습에서는 입력 데이터와 가중치를 이용해 계산한 출력과 정답 데이터 사이에 오차가 발생하는데, 오차가 줄어들도록 가중치를 조정합니다(그림 5-11). 주어진 훈련 데이터로 이 작업을 여러 번 반복하면 적절한 가중치를 학습할 수 있습니다.

오차를 역방향으로 전달한다 //

가중치를 조정할 때 정답 데이터와 실제 출력 간의 오차를 입력 데이터에 대한 함수로 생각해, 이 함수를 **손실함수**(오차함수)라고 합니다. 손실함수 값을 작게 한다는 것은 오차를 줄여 정답에 가까워지는 것을 뜻합니다.

일반적으로 함수의 최솟값을 찾을 때 미분을 사용합니다. 미분으로 기울기를 구하고 최솟값에 가까워지게 하는 방법으로 다음 절에서 소개하는 경사하강법이나 확률적 경사하강법 등이 사용됩니다.

신경망에서 조정해야 하는 가중치는 출력층과 중간층 사이뿐만 아니라 입력층과 중간층 사이에도 있으며, 중간층이 여러 개일 수도 있습니다. 정답 데이터와 실제 출력 간의 오차를 출력층에서 중간층, 중간층에서 입력층으로 역방향으로 전달해 가중치를 조정하는 방법을 **오차역전파**라고 합니다(그림 5-12).

그림 5-10 신경망과 계산

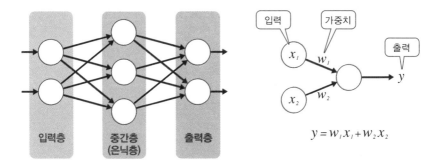

입력층　　　중간층
　　　　　(은닉층)　　출력층

입력　　　가중치

출력

x_1　　w_1

x_2　　w_2

y

$$y = w_1 x_1 + w_2 x_2$$

그림 5-11 가중치 조정

❶입력 데이터와 가중치로 출력을 계산

입력 데이터

출력

❷출력과 정답 데이터로 오차를 계산

정답 데이터

❸오차로 가중치를 갱신

그림 5-12 역방향으로 가중치를 조정하는 오차역전파

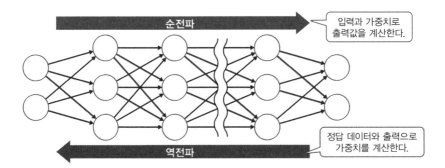

순전파

입력과 가중치로 출력값을 계산한다.

역전파

정답 데이터와 출력으로 가중치를 계산한다.

Point

✔ 신경망은 계층 구조로 신호를 전달하면서 계산해 결과를 출력하고, 계산에 사용되는 가중치를 조정해 학습한다.

✔ 오차역전파법은 출력에서 오차를 역방향으로 전달해 가중치를 조정한다.

≫ 조금씩 최적해에 가까워진다

기울기를 보면서 최솟값에 가까워진다 //

신경망 등의 머신러닝에서는 얻어진 결과와의 오차를 최소화하기 위해 손실함수의 최솟값을 구하는 것을 고려합니다. 손실함수가 2차 함수와 같은 단순한 함수라면 미분하면 함수의 최솟값을 계산할 수 있지만, 복잡한 함수라면 간단히 구할 수 없는 경우가 있습니다.

이때 주어진 함수에서 계산으로 최솟값을 구하지 않고 그래프의 여러 지점에서 값이 작아지는 방향으로 조금씩 이동하면서 탐색하는 방법이 있는데, 이를 **경사하강법**이라고 합니다(그림 5-13).

경사하강법으로 진행 방향을 구할 때, 모든 학습 데이터에 대해 오차를 계산한 후 최솟값 방향으로 진행하는 방법을 최급 하강법이라고 합니다. 최솟값을 향해 일직선으로 진행한다는 장점이 있지만, 모든 데이터에 대해 계산하기 때문에 처리하는 데 시간이 걸립니다. 그래서 학습 데이터에서 무작위로 몇 개를 골라 오차가 작아지는 방향으로 진행하는 방법을 확률적 경사하강법이라고 합니다.

그림 5-14와 같은 복잡한 함수에 대해 경사하강법을 사용하면 구하고자 하는 최솟값에 도달하기 전에 다른 답으로 수렴할 가능성이 있습니다. 이를 **국소해**라고 하는데, 여기서 학습이 끝나버리면 최적의 값을 얻을 수 없습니다.

조사 간격을 조정한다 ///

국소해에 빠지지는 것을 피하기 위해 이동 간격에 **학습률**(학습계수)이라는 값을 곱하여 다음에 이동할 지점을 결정하는 방법이 있습니다. 예를 들어, 학습률이 작으면 좁은 범위만을 이동하게 되어 국소해에 한 번 들어가버리면 거기서 빠져나올 수 없게 됩니다(그림 5-15).

따라서 학습률을 큰 값으로 조정하면 국소해를 뛰어넘을 가능성이 있습니다. 다만, 학습률을 크게 하면 수렴하는 데 시간이 걸리거나 수렴하지 않게 되는 경우도 있어, **다양한 값을 시도하면서 학습 상황을 확인하고 조정하는 작업이 필요**합니다.

그림 5-13 경사하강법

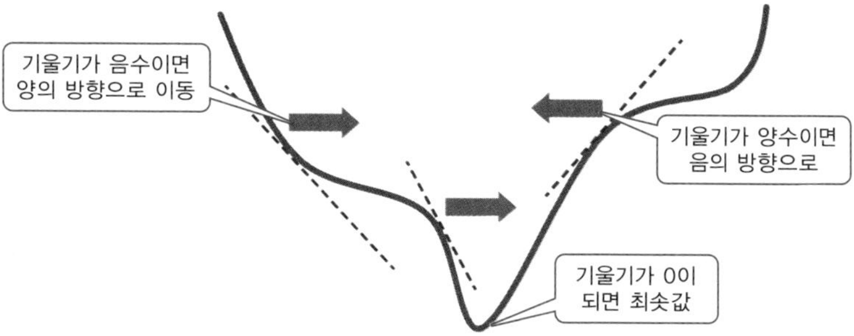

기울기가 음수이면
양의 방향으로 이동

기울기가 양수이면
음의 방향으로

기울기가 0이
되면 최솟값

그림 5-14 국소해로 수렴

국소해에 빠지기 쉽다.

구하고 싶은 해

국소해

국소해

국소해

국소해

그림 5-15 학습률을 변화시켜 국소해를 회피

학습률 η이 작을 때

국소해에 빠지기 쉽다.

학습률 η이 클 때

국소해를 넘어설 수 있다.

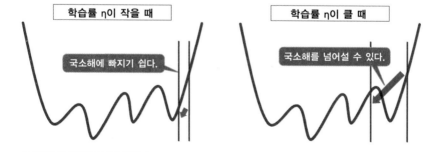

Point

✔ 경사하강법에서는 그래프 값이 작아지는 방향으로 조금씩 이동하며 탐색한다.

✔ 국소해에 빠지는 것을 방지하기 위해 학습률이라는 매개변수를 사용한다.

》 계층을 깊게 하고, 대량의 데이터로 학습한다

신경망의 계층을 깊게 한다 〰〰〰〰〰〰〰〰〰〰〰〰〰〰〰〰〰〰〰〰〰〰

신경망은 단순한 구조이지만, 계층을 깊게 만들면 더 복잡한 구조도 표현할 수 있고 어려운 문제도 풀 수 있게됩니다. 이를 딥러닝(심층학습)이라고 합니다(그림 5-16).

계층이 깊어지면 학습에 많은 데이터가 필요하고, 처리 시간이 오래 걸립니다. 하지만 IoT 단말, 센서, 인터넷 콘텐츠 등의 등장으로 대량의 데이터를 수집할 수 있게 되고, 컴퓨터 성능의 향상으로 현실적인 시간 내에 좋은 결과를 얻을 수 있게 되면서 주목받고 있습니다. 바둑이나 장기와 같은 게임에서 인간을 능가하는 강함을 실현했을 뿐만 아니라, 이미지 처리 등에서는 이미 일반적으로 사용되고 있습니다.

이미지나 음성에 응용하기 〰〰〰〰〰〰〰〰〰〰〰〰〰〰〰〰〰〰〰〰〰〰〰

딥러닝은 단순히 신경망 계층을 더 깊게 만든 것이 아닙니다. 이미지 처리에는 CNN(합성곱 신경망)이 많이 사용되는데, 사진과 같은 이미지에서는 하나하나의 점보다도 주변에 있는 점과의 관계가 의미를 갖습니다. 따라서 그림 5-17처럼 합성곱과 풀링이라는 처리를 반복해 이미지의 특징을 파악하는 방법을 사용합니다.

예를 들어, 합성곱은 이미지의 점들을 따로따로 처리하지 않고 그 특징(색상의 급격한 변화 등)을 식별하는 것으로, 세로 방향이나 가로 방향의 경계 등을 강조할 수 있습니다. 풀링은 이미지에서 일정한 간격으로 데이터를 추출해 거친 이미지를 얻음으로써 위치 오차 등에 강해집니다.

기계번역이나 음성인식 등 계속해서 새로운 데이터가 주어지는 환경에서는 RNN(순환 신경망, 재귀 신경망)이나 LSTM(장단기 기억 RNN) 등 시계열 데이터 분석에 적합한 기법을 사용합니다(그림 5-18).

그림 5-16 딥러닝의 계층 구조

입력층   중간층(은닉층)   출력층

그림 5-17 CNN의 흐름

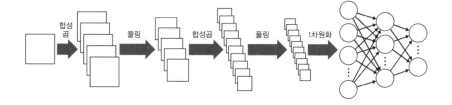

합성
곱   풀링   합성곱   풀링   1차원화

그림 5-18 RNN의 개요

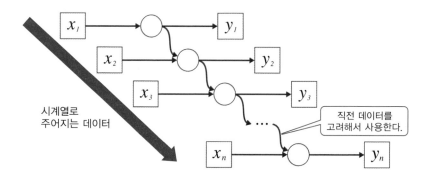

x_1 → ○ → y_1

x_2 → ○ → y_2

x_3 → ○ → y_3

시계열로
주어지는 데이터

직전 데이터를
고려해서 사용한다.

x_n → ○ → y_n

Point

✔ 딥러닝은 신경망의 계층을 깊게 만들어 복잡한 구조도 표현함으로써 어려운 문제
도 풀 수 있게 된다.

✔ 이미지 처리에서는 CNN, 기계번역이나 음성인식에서는 RNN이나 LSTM 등의 기술
을 많이 사용한다.

Chapter
5

읽어두면 좋은 AI 지식

≫ 오차를 수치화한다

오차의 기댓값을 구한다 \\\

머신러닝으로 모델을 만들 때 기본적으로 100%의 정확도를 얻을 수는 없으며, 수집한 데이터가 반드시 정확하다고도 할 수 없습니다. **아무래도 어느 정도 오차를 포함할 수밖에 없습니다.** 참 값을 y, 모델의 예측값을 $\hat{y}$라고 하면, 오차의 기댓값(평균)은 $E[(y-\hat{y})^2]$이라는 공식으로 구할 수 있는데, 이를 평균제곱오차^{MSE: Mean Squared Error}라고 합니다.

이 식을 변형하면 $E[(y-E[\hat{y}])^2] + E[(\hat{y}-E[\hat{y}])^2]$처럼 두 개의 항으로 분해할 수 있다고 알려져 있으며, 제1항을 편향^{Bias}, 제2항을 분산^{Variance}이라고 합니다. 이렇게 나누는 것을 **편향-분산 분해**라고 합니다.

편향은 예측값과 실측값의 차이로, 모델의 표현력 부족으로 발생합니다. 복잡한 모델이 필요한데 매개변수 부족 등의 이유로 학습이 진행되지 않은 것이 원인입니다. 편향이 크면 과소적합으로 판단할 수 있습니다(그림 5-19).

분산이란 훈련 데이터에서는 잘 맞지만, 검증 데이터 등 원래 모델과는 오차가 발생한다는 것을 의미합니다. 오차의 분산이 크면 과학습으로 판단할 수 있습니다(그림 5-20).

그밖에 오차가 발생하는 이유로는 노이즈가 있으며, 측정 환경 등에 따라 발생합니다. 데이터를 센서로 수집하거나 카메라로 촬영하는 경우에는 아무래도 오차가 발생하게 되는데, 이러한 오차는 머신러닝으로 학습할 수 없습니다.

트레이드오프 관계 \\

정확도를 높이려면 편향과 분산을 모두 줄여야 하는데, 이 둘은 **트레이드오프** 관계입니다. 편향을 작게 하려면 복잡한 모델이 필요하고 분산이 커집니다. 반대로 분산을 낮추려면 단순한 모델이 필요하고 편향이 커집니다. 따라서 **편향과 분산이 균형 잡힌 모델이 이상적**입니다.

그림 5-19 편향과 분산

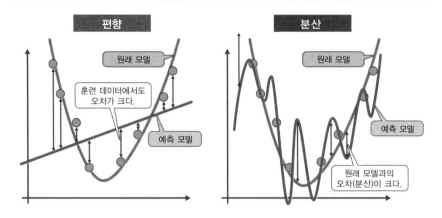

그림 5-20 트레이드오프 관계

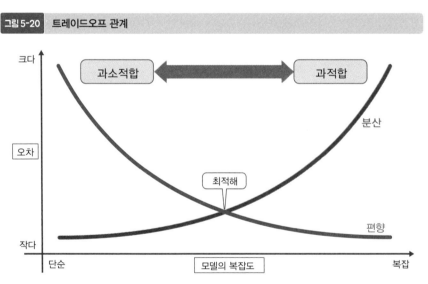

Point

✔ 편향은 예측값과 실측값의 오차가 크다는 것을 의미하며, 훈련 데이터에서도 학습이 되지 않았다고 판단할 수 있다.

✔ 분산은 검증 데이터에서도 값이 커진다.

✔ 편향과 분산은 트레이드오프 관계로, 균형 잡힌 모델이 요구된다.

≫ 정확도를 높인다

과적합 방지 대책 //

앞 절에서 설명한 편향–분산 분해에서도 알 수 있듯이, 과적합의 원인으로 모델 형태의 복잡성을 꼽을 수 있습니다. 특히, 모델 식에서 계수가 커지면 테스트 데이터에 과적합하게 됩니다.

회귀분석에서 y = ax + b라는 모델을 가정했을 때, 계수 a가 지나치게 크면 b 값은 거의 무시됩니다. y = ax² + b + c처럼 계수가 늘어났을 때도 마찬가지로, 특정 계수가 너무 큰 것은 문제입니다.

최소제곱법으로 오차를 최소화할 뿐이라면 직선의 식과의 거리를 생각하면 되지만, 이 손실함수에서 특정 계수가 과도하게 커지는 것을 막아 과적합을 방지하는 방법으로 **정칙화**regularization가 있습니다(그림 5–21).

라쏘 회귀와 리지 회귀 //

정칙화 방법으로 **라쏘 회귀**(L1 정칙화)와 **리지 회귀**(L2 정칙화)가 많이 사용되고 있습니다(그림 5–22). 라쏘 회귀는 최소제곱법의 식에 맨해튼 거리의 정칙화항을 추가한 것이며 절댓값으로 계산합니다. 예를 들어, 회귀식이 $y = w_1 x + w_2$일 때 정칙화항을 추가한 다음과 같은 손실함수가 사용됩니다.

$$E(w) = \frac{1}{2}\sum_{i=1}^{N}(w_1 x_i + w_2 - y_i)^2 + \lambda(|w_1| + |w_2|)$$

리지 회귀는 최소제곱법의 식에 유클리드 거리의 정칙화항을 추가한 것이며 제곱합의 제곱근으로 계산합니다. 예를 들어, 회귀식이 $y = w_1 x + w_2$일 때 정칙화항을 추가한 다음과 같은 손실함수가 사용됩니다.

$$E(w) = \frac{1}{2}\sum_{i=1}^{N}(w_1 x_i + w_2 - y_i)^2 + \lambda\left(\sqrt{w_1^2 + w_2^2}\right)$$

이처럼 정칙화항을 추가하면, 전반의 오차를 최소화할 뿐만 아니라 후반의 정칙화항도 그다지 커지지 않게 조정할 수 있어 **과적합 방지로 연결됩니다.**

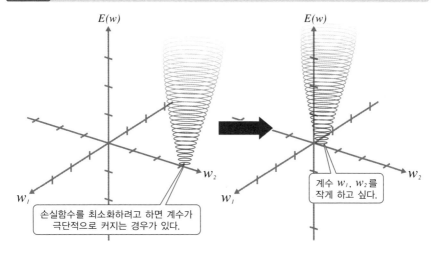

그림 5-21 정칙화의 개념

손실함수를 최소화하려고 하면 계수가 극단적으로 커지는 경우가 있다.

계수 w_1, w_2를 작게 하고 싶다.

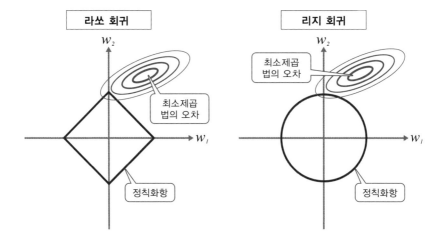

그림 5-22 라쏘 회귀와 리지 회귀

라쏘 회귀

최소제곱법의 오차

정칙화항

리지 회귀

최소제곱법의 오차

정칙화항

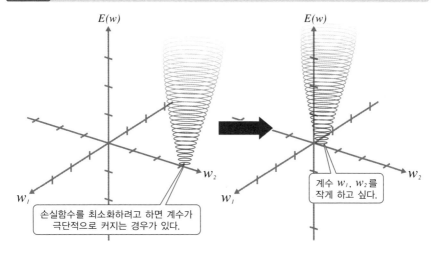

Point

✔ 정칙화 방법으로 라쏘 회귀나 리지 회귀 등이 있다.

✔ 정칙화항을 추가해 계수가 커지면 손실함수가 커지므로 계수를 작게 할 수 있고 과적합 방지로 이어진다.

» 여러 그룹으로 분할한다

비계층적 클러스터링 //

비슷한 데이터를 모아 여러 그룹(클러스터)으로 나누는 것을 **클러스터링**이라고 하며, 계층형과 비계층형이 있습니다. 비계층형으로 분류되는 클러스터링 기법으로는 **k-평균법**(k-means법)이 잘 알려져 있습니다.

처음에 k개의 적당한 클러스터로 나눈 후, **각 클러스터의 평균(중심)을 구하는 계산을 반복하면 자동으로 그룹이 나뉘는 기법**입니다. 데이터를 정해진 개수의 클러스터로 나누고 싶을 때 효과적입니다.

k-평균법을 시험한다 //

실제로 k-평균법으로 클러스터링해 봅시다 예를 들어, 그림 5-23 왼쪽 표와 같이 10개 매장의 데이터가 주어졌다고 가정하겠습니다. 각 매장의 판매 개수를 보면 평일 판매 개수가 많은 매장과 휴일 판매 개수가 많은 매장이 있습니다. 이를 산점도로 나타내면 그림 5-23 오른쪽과 같습니다.

이 데이터를 k-평균법을 사용해 3개의 클러스터로 나누어 보겠습니다. 먼저 초깃값으로 각 데이터에 적당한 클러스터 번호(이번에는 ●, ▲, ■라는 기호)를 부여합니다. 다음은 각 클러스터의 평균(중심)을 계산하고 이를 클러스터의 중심으로 삼습니다(그림 5-24 왼쪽).

각각의 점에 대해서 중심과의 거리가 가장 가까운(평균과의 거리가 가까운) 클러스터를 선택하고, 그 클러스터의 기호를 할당합니다. 또한, 각 클러스터에서 평균을 계산해서 새로운 클러스터의 중심으로 삼습니다.

이 과정을 반복하면 서서히 할당되는 클러스터 기호가 바뀌는데, 어느 매장도 클러스터 기호가 바뀌지 않게 되면 처리 완료입니다. 이번 경우에는 그림 5-24 오른쪽과 같이 되었습니다.

k-평균법에서는 데이터 분포가 편향된 경우 등 초깃값에 따라 바르게 클러스터링되지 않는 경우가 있습니다. 그래서 이를 개선한 방법인 k-means++ 법을 사용하기도 합니다.

그림 5-23 판매 수량 데이터

매장	평일 판매개수	휴일 판매개수
A	10	20
B	20	40
C	30	10
D	40	30
E	50	60
F	60	40
G	70	10
H	80	60
I	80	20
J	90	30

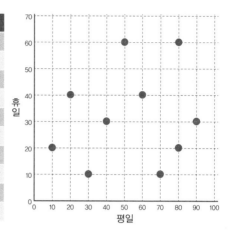

그림 5-24 초기 상태와 종료 상태

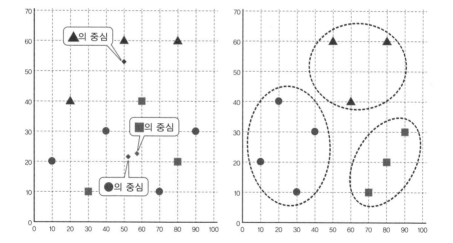

Point

✔ 클러스터링은 비슷한 데이터를 모아서 여러 개의 그룹으로 나누는 방법으로 계층형과 비계층형이 있다.

✔ k-평균법은 비계층형으로 분류되는 방법이며, 처음에 클러스터 개수를 지정하고 각 데이터를 클러스터 중 하나에 할당한다.

≫ 임의 개수로 분할한다

계층으로 나누어 클러스터를 자유롭게 작성한다 \\

k-평균법에서는 클러스터 수를 미리 정해둘 필요가 있었습니다. 하지만 클러스터가 몇 개가 될지 모르는 경우도 있습니다. 이때 사용되는 것이 **계층적 클러스터링** hierachical clustering입니다. 앞 절에서 그림 5-23의 데이터라면 그림 5-25의 수형도와 같은 계층적 다이어그램으로 표현합니다.

처음은 모두 흩어진 상태에서 시작해 하나씩 비슷한 데이터들을 그룹화합니다. 이 작업을 모든 데이터가 그룹화될 때까지 반복하고 하나의 수형도가 만들어지면 완성됩니다. 이 수형도에서 높이를 지정하여 가로로 자르면 임의의 수의 클러스터로 나눌 수 있습니다.

계층적 클러스터링 기법 \\

클러스터링에서는 각각이 '유사하다'라고 판단할 수 있는 기준이 필요합니다. 이때 점과 점 사이의 거리를 계산하는 방법으로 **워드법, 최단거리법, 최장거리법** 등이 있습니다.

워드법은 각 클러스터를 결합했을 때, 그 결합 전후의 분산을 비교하는 방법입니다. 결합 전의 각 중심과 각 점 간의 유클리드 거리와 결합 후의 중심과 각 점 간의 거리의 차를 구해서 최소가 되는 클러스터를 결합합니다(그림 5-26).

최단거리법은 두 클러스터 사이에서 가장 가까운 데이터 간의 거리를 클러스터 간 거리로 삼아 이를 결합합니다. 만약 클러스터 안에 특이값이 있다면, 그 특이값에 가까운 데이터를 결합할 가능성이 있습니다.

최장거리법은 최단거리법과 반대로 클러스터 요소 간의 모든 거리 중 가장 먼 것을 클러스터 간 거리로 삼는 방식입니다. 이 방법도 특이값이 있으면 영향을 받기 쉽다고 할 수 있습니다(그림 5-27).

계산 방법에 따라 클러스터링 결과가 달라지므로, **데이터의 내용이나 종류에 따라 어떤 거리를 사용해야 하는지 시행착오가 필요합니다.**

그림 5-25 수형도와 같은 계층적 클러스터링

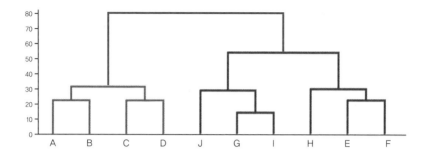

그림 5-26 워드법의 이미지

$L(A \cup B) - L(A) - L(B)$ 가 최소가 되는 클러스터를 결합한다.

중심과의 거리 $= L(A)$

중심과의 거리 $= L(B)$

중심과의 거리 $= L(A \cup B)$

그림 5-27 최단거리법과 최장거리법

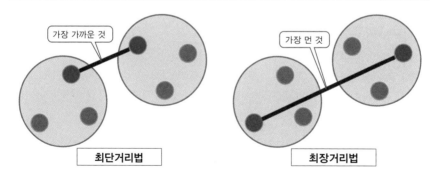

가장 가까운 것

가장 먼 것

최단거리법

최장거리법

Point

✔ 계층적 클러스터링(군집화)에서는 수형도처럼 계층적으로 그룹을 표현할 수 있다.

✔ 데이터 간 거리를 계산하는 방법으로 워드법, 최단거리법, 최장거리법 등이 있다.

» 트리 구조로 학습한다

트리구조로 생각한다 //

그림 5-28처럼 나무 구조로 된 분기에 조건을 설정하고 그 조건을 만족하는지 여부를 판단해 문제를 해결하는 방법을 **결정 트리**Decision Tree라고 합니다. 주어진 데이터를 이용해 설정된 조건을 지도학습으로 학습하고, 가능한 한 크기가 작은(적은 분기, 얕은 깊이) 결정 트리로 깔끔하게 분할할 수 있는 구성을 찾아냅니다.

이때, 여러 그룹으로 나누는 경우 분류 트리라고 하고, 특정 수치를 추정하는 경우는 회귀 트리라고 합니다. 결정 트리를 구성하는 구체적인 알고리즘으로는 ID3, C4.5, CART 등이 있습니다.

결정 트리를 사용하는 장점으로는 학습 데이터에 결측값이 있어도 처리할 수 있는 점, 수치 데이터 및 카테고리 데이터도 처리할 수 있는 점, 예측의 근거를 시각적으로 표현할 수 있는 점 등을 들 수 있습니다.

불순도와 정보이득 //

결정 트리를 만들 때, 같은 결과를 얻더라도 복잡한 조건을 많이 거쳐 판단하는 것보다 단순한 조건으로 적게 판단하는 것이 더 빠르게 처리할 수 있습니다. 즉, **분기 수가 적고 깊이도 얕은 것이 이상적**입니다.

하나의 노드에 포함된 '다른 분류의 비율'을 수치화한 것을 **불순도**Impurity라고 합니다. 하나의 노드에 많은 분류가 존재하면 불순도가 크고, 하나의 분류만 존재하면 불순도가 작다고 합니다. 불순도를 계산하는 방법으로는 엔트로피나 지니 불순도 등이 있습니다.

분기에 따라 불순도가 얼마나 변화하는지를 판단하는 지표로 **정보이득**이 있습니다. 즉, 부모 노드와 자식 노드 간의 불순도 차이가 정보이득이며, 분기에 의해 불순도가 깔끔하게 나누어져 있으면 정보이득이 커집니다. **결정 트리의 분기 조건을 조정해서 정보이득이 크게 분기된 트리를 찾으면 좋은 결정 트리를 만들 수 있습니다.** 예를 들어, 지니 불순도를 사용하면 그림 5-28의 결정 트리에서 분기의 정보 이득은 그림 5-29처럼 계산할 수 있습니다.

그림 5-28 결정 트리의 예

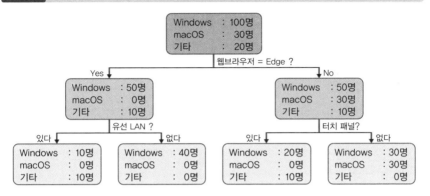

그림 5-29 지니 불순도를 사용한 정보이득 계산

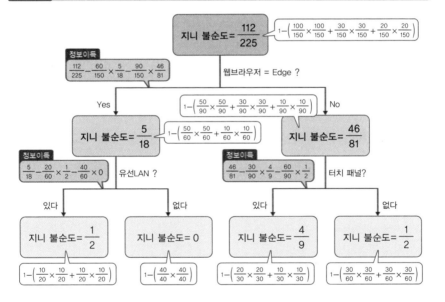

Point

✔ 결정 트리는 여러 그룹으로 나누는 분류 트리와 특정 수치를 예측하는 회귀 트리가 있다.

✔ 좋은 결정 트리를 판정하기 위해서 불순도나 정보이득과 같은 값을 계산해서 평가한다.

≫ 복수의 AI로 다수결을 취한다

다수결로 결정한다 //

분류나 예측할 때 단순한 결정 트리를 사용하는 방법도 있지만, 정확도를 높이는 다양한 방법이 있습니다. 그중에서도 복수의 결정 트리를 사용해 각각 학습시켜 예측하고, 도출된 답을 이용해 다수결로 결정하는 방법인 **랜덤 포레스트**가 있습니다(그림 5-30).

분류의 경우는 단순히 다수결을 사용하는 방법이며, 예측의 경우에는 평균을 구하는 방법 등이 사용됩니다. **정답률이 낮은 결정 트리가 만들어졌더라도 다수결이나 평균을 이용하면 전체적으로 균형 잡힌 결과를 얻을 수 있습니다.** 학습 방법은 간단하지만, 하나의 결정 트리를 학습시켜 예측하는 것보다 더 나은 결과를 얻을 수 있는 것으로 알려졌습니다.

다수결로 더 좋은 모델을 만든다 //

이처럼 여러 머신러닝 모델을 조합해 다수결 등을 통해 더 나은 모델을 구축하는 방법을 **앙상블 학습**이라고 합니다. 랜덤 포레스트도 앙상블 학습 중 하나입니다.

많은 샘플에서 몇 개를 추출해 병렬로 식별자를 만들고, 거기서 다수결로 결정하는 방법을 **배깅**이라고 합니다. 랜덤 포레스트는 배깅과 결정 트리를 결합한 기법입니다. 배깅의 경우 각각 독립적으로 실행할 수 있어 병렬 처리가 가능합니다.

또한, 다른 결정 트리 등의 예측 결과를 이용해 정확한 결과에 가까워지도록 조정하는 방법을 **부스팅**이라고 합니다(그림 5-31). 부스팅의 경우, 병렬 처리는 할 수 없지만 더 높은 정확도의 결과를 얻을 수 있습니다.

참고로 이러한 앙상블 학습은 정확도를 높이는 데 특화된 연구에선 편리하지만, 실무에서는 처리 시간이 지나치게 길어질 수도 있습니다. 다수결 같은 방법을 사용하는 것보다 모델을 연구하는 편이 비용 대비 효과를 높일 가능성도 있으므로 **업무 내용에 맞게 검토할 필요**가 있습니다.

그림 5-30 다수결로 결정하는 랜덤 포레스트

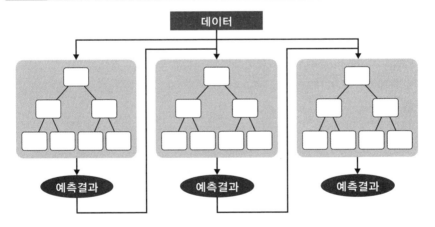

그림 5-31 정확도가 높은 부스팅

Point

✔ 랜덤 포레스트에서는 여러 결정 트리에서 도출한 답을 다수결로 결정함으로써 좋은 결과를 얻을 수 있다.

✔ 부스팅에서는 다른 학습 모델을 사용해 조정함으로써 더 높은 정확도를 얻을 가능성이 있다.

≫ 규칙을 평가하는 지표

지지도와 신뢰도

1-17 절에서 장바구니 분석에 대해 소개했습니다. '동시에 구매되는 상품'의 조합을 발견하는 기법인데, 이때 사용하는 지표로 **지지도**support와 **신뢰도**confidence, **향상도**lift 가 있습니다(그림 5-32).

지지도는 전체 고객(구매자) 중 상품 A와 상품 B를 동시에 구매하는 고객의 비율입니다. 즉, 지지도가 높으면 그 상품 조합이 해당 매장의 주요 상품이라고 할 수 있습니다.

신뢰도는 상품 A를 구매한 고객 중 상품 B도 함께 구매한 고객의 비율입니다. 예를 들어 어떤 서점에서 상권과 하권이 있는 책의 구매 현황을 분석할 때, 전체 구매자 중 상권과 하권을 함께 구매한 사람의 비율이 지지도이고, 상권을 구매한 사람 중 하권도 구매한 사람의 비율이 신뢰도입니다.

신뢰도 값이 크면 상품 A 옆에 상품 B를 배치해야 한다고 생각할 수 있습니다. 단, **대부분의 사람들이 구매하는 상품이라면 신뢰도도 자동적으로 높아집니다.** 편의점에서 생각했을 때 A가 도시락, B가 비닐봉지라면 신뢰도가 높아지는 것은 피할 수 없습니다.

상품을 구매한 사람을 비교하는 향상도

향상도는 '상품 B를 단독으로 구매한 고객'과 '상품 A를 구매한 고객 중 상품 B도 구매한 고객'을 비교한 값입니다. '상품 B를 단독으로 구매한 고객'의 비율을 기대신뢰도라고 부르기도 합니다. 이 기대신뢰도와 신뢰도의 비율로 향상도를 구할 수 있습니다.

향상도는 상품 A의 구매가 상품 B의 구매 비율을 어느 정도 끌어올리는지(리프트) 나타내는 값이라고 할 수 있습니다. 일반적으로 향상도가 1을 넘으면 상품 B를 단독으로 구매하는 것보다 상품 A와 동시에 구매하는 경우가 더 많다는 것을 뜻합니다. 즉, 신뢰도보다는 향상도 값의 크기를 보고 상품 A 옆에 상품 B를 배치하는 편이 좋다고 판단할 수 있습니다(그림 5-33).

그림 5-32　장바구니 분석에서 이용되는 지표

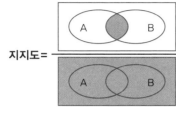

지지도 =

신뢰도 =

기대신뢰도 =

향상도 = $\dfrac{\text{신뢰도}}{\text{기대신뢰도}}$

그림 5-33　신뢰도와 향상도의 비교

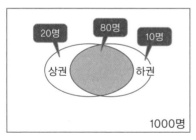

신뢰도 $= \dfrac{80}{100} = 0.8$

신뢰도 $= \dfrac{80}{100} = 0.8$

향상도 $= \dfrac{\frac{80}{100}}{\frac{90}{1000}} = 8.9$

향상도 $= \dfrac{\frac{80}{100}}{\frac{780}{1000}} = 0.1$

Point

✔ 장바구니 분석에서는 지지도와 신뢰도, 향상도와 같은 지표가 사용된다.

✔ 신뢰도나 향상도는 옆에 놓았을 때 함께 구매되는 상품을 판단하는 데 사용할 수 있다.

≫ 경계선으로부터의 마진을 최대화한다

되도록 먼 곳에 경계를 만든다 //

클러스터링 등으로 데이터를 여러 그룹으로 나눌 때, 경계선을 긋는 방식은 여러 가지가 있을 수 있습니다. 예를 들어, 좌표평면에서 두 그룹으로 나눈다면 그림 5-34와 같이 여러 개의 선으로 나눌 수 있습니다.

입력된 데이터를 그룹으로 나누기만 한다면 어떤 경계선이든 상관없지만, 학습 데이터 이외의 미지의 데이터가 주어졌을 때도 가능한 한 높은 정확도로 분류할 수 있도록 **각각의 점으로부터 최대한 멀리 떨어진 곳에 경계선을 그리는 것**이 좋습니다.

경계선으로 분리할 수 있다고 했을 때, 경계선에서 가장 가까운 데이터까지의 거리를 최대화하는 방법으로 **서포트 벡터 머신**이 있습니다. 이러한 사고방식을 마진 최대화라고 합니다.

덧붙여 이 경계는 2차원이라면 직선이나 곡선으로 표현할 수 있지만, 3차원에서는 평면이나 곡면으로 분리합니다. 그 이상일 경우 **초평면**이라고 불리는 경계로 분리합니다.

하드 마진과 소프트 마진 //

경계로 깔끔하게 분리할 수 있는 것이 이상적이지만, 현실 데이터에는 노이즈와 오류가 포함되어 있는 경우도 있어 그렇게 깔끔하게 분리할 수 있는 경우는 많지 않습니다. 결국, **어느 정도 타협이 필요**합니다.

두 가지로 명확하게 구분되는 것을 전제로 마진을 설정하는 방법을 **하드 마진**이라고 합니다. 노이즈 등이 포함된 데이터에서 명확하게 분리할 수 없는 경우에는 과적합이 될 가능성이 있고, 애초에 분리할 수 없어 풀지 못하는 경우도 있습니다(그림 5-35 왼쪽).

그래서 분리할 때 모든 데이터를 완전하게는 분리하지 못해도 약간의 오차를 허용하는 방법을 **소프트 마진**이라고 합니다. 이를 통해 단순한 모델을 만들 수 있고, 과적합을 방지할 수 있습니다(그림 5-35 오른쪽).

그림 5-34 좌표 평면을 나누는 방법

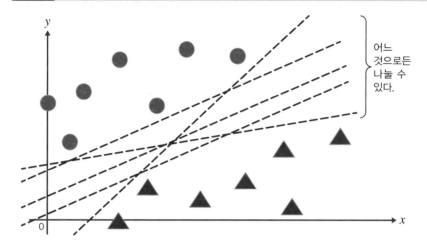

어느
것으로든
나눌 수
있다.

그림 5-35 하드 마진과 소프트 마진

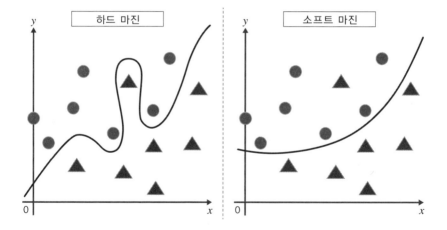

하드 마진

소프트 마진

Point

✔ 경계선으로 그룹으로 분리할 때 그 경계선으로부터 가장 가까운 데이터까지의 거리를 최대화하는 방법으로 서포트 벡터 머신이 있다.

✔ 데이터를 분리할 때 결정 경계를 조절하는 사고 방식으로 하드 마진과 소프트 마진이 있다.

≫ 자동으로 머신러닝을 실행한다

머신러닝의 일부를 자동화한다 \\

머신러닝을 비즈니스에서 사용하고자 할 때, 적용할 분야나 문제 설정부터 시작해, 데이터 수집, 가공, 모델 설계, 훈련 데이터를 이용한 학습, 평가, 운영 등 많은 작업이 발생합니다. 모두 전문적인 지식이 필요하며, 시간도 비용도 소요되는 작업입니다. 이런 작업을 조금이라도 자동화할 수 있다면, 분석가의 부담을 줄이고 원래 업무에 집중할 수 있을 것입니다.

그래서 가능한 한 이러한 단계를 자동화하는 사고방식으로 **AutoML**이 있습니다. 물론 문제 설정이나 데이터 수집 등 인간만 할 수 있는 부분도 있지만, **데이터 가공이나 모델 설계, 훈련 데이터로 학습 등 어느 정도는 자동화할 수 있습니다**(그림 5-36).

특히 정확도를 높이기 위해 모델 매개변수를 조금씩 변경하면서 몇 번이고 실행하고 튜닝하는 작업은 사람보다 컴퓨터가 효율적으로 처리할 수 있습니다. 그렇기 때문에 AutoML이 사용되는 것입니다.

AI의 처리 내용을 설명할 수 있게 한다 \\

신경망이나 딥러닝으로 학습해서 **좋은 결과를 얻었다고 해도, 사용된 매개변수의 의미를 잘 알 수 없는 경우가 많습니다**. 어째서 높은 정확도로 좋은 결과가 나오는지 그 이유를 알 수 없습니다. 이래서는 고객이나 상사에게 설명할 수 없겠지요. 결정에 대한 근거를 스스로 이해할 수 없다면, 비즈니스 현장에서는 사용하기 어려울 것입니다. 결정 트리라면 어느 정도 조건이나 매개변수의 의미를 설명할 수 있지만, AutoML을 사용한 결과 왜 그런 결과를 얻을 수 있는지 알 수 없다면 곤란할 것입니다.

그래서 **설명가능 AI**(Explainable AI)라는 기술이 주목받고 있습니다. 모델 예측에 크게 기여하는 특징량을 시각화하고, 모델에서 인간의 해석을 학습시키는 등 다양한 방법이 연구되고 있습니다(그림 5-37).

그림 5-36 머신러닝을 실현하는 단계의 일부를 자동화

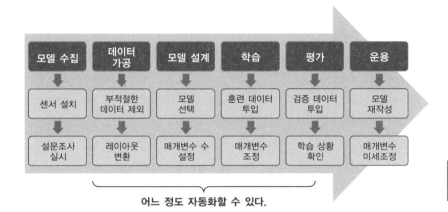

어느 정도 자동화할 수 있다.

그림 5-37 결과의 이유를 알 수 있는 설명 가능 AI

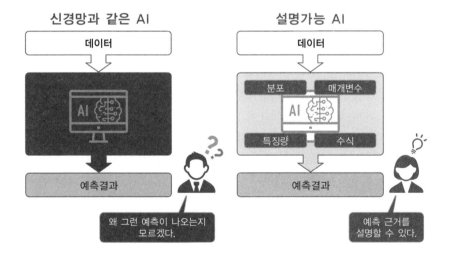

Point

✔ AutoML의 도입으로 머신러닝의 일부 단계를 자동화함으로써 인간의 작업을 줄일 수 있다.

✔ 모델의 예측 근거를 인간이 이해하기 쉽게 설명할 수 있는 방법으로 설명가능 AI가 주목받고 있다.

≫ 다양한 기법을 조합해 해결법을 찾는다

수학적 모델의 조합

우리 주변에 있는 문제들은 한 가지 방법으로 해결할 수 있을 만큼 단순하지 않습니다. **다양한 방법을 조합해서 문제를 해결해야 하는데, 근거를 가지고 이론적으로 이끌어낼 필요**가 있습니다.

재료 재고를 파악해 무엇을 얼마나 생산할지 결정하는 문제라면, 그림 5-38처럼 수식과 그래프를 이용해 생각할 수 있습니다. 이 정도라면 손으로도 계산할 수 있지만, 실제 문제에서는 프로그램으로 계산합니다. 또한, 슈퍼마켓 계산대에 줄이 늘어지는 문제라면, 원활하게 계산하기 위해 대기행렬이나 확률분포, 포크 정렬 등 다양한 아이디어를 조합해야 합니다.

이처럼 선형 계획법, 대기열 이론, 게임 이론 등 여러 가지 수학적 모델을 조합해 사회 문제를 해결하는 것을 **오퍼레이션즈 리서치**OR: Operations Research라고 합니다.

사회 문제를 해결하는 수학적 최적화

OR의 핵심 주제로는 **수학적 최적화**가 있습니다. 수학적 최적화 문제를 수리 계획 문제라고도 합니다. 수리 계획 문제란 제약 조건을 만족하는 해 중에서 어떻게 하면 전체적으로 최선이 될 것인가를 생각하고, 목적 함수의 값을 최소(또는 최대)로 만들수 있는 해를 구하는 것입니다. 이러한 문제를 해결하는 방법을 **수리 계획법**이라고 합니다(그림 5-39).

현실 문제는 불확실한 상황에 따라 변화하고 있으며, 이상적인 모델대로 움직이는 경우는 거의 없습니다. 예를 들어, 생산 계획을 세워도 날씨나 사건 등에 따라 수요가 변동합니다. 어느 정도는 수요를 가정하고 예측하지만, 예상치가 너무 크면 공급이 과잉이 되고 작으면 공급이 부족해집니다.

이러한 **불확실한 요소도 감안한 의사결정을 할 필요**가 있으며, 이를 위해 확률적 매개변수를 도입한 **확률적 계획법**이 사용됩니다.

그림 5-38　복수의 조건에서 최적해를 구한다(선형 계획법)

레시피와 가격

상품	밀가루	우유	가격
크레페	100g	200g	500원
팬케이크	150g	150g	400원

재료의 재고가 다음과 같을 때 매출을 최대화하려면
크레페와 팬케이크를 몇 개나 만들어야 할까?

• 밀가루 : 9kg　• 우유 : 12kg

크레페를 x개
팬케이크를 y개 만든다.

조건 $100x + 150y \le 9000$
$200x + 150y \le 12000$
x, y는 0을 포함하는 자연수

최대화하고 싶은 식 $500x + 400y = ?$

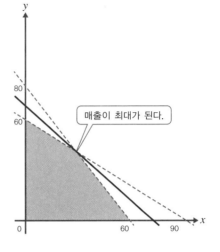

매출이 최대가 된다.

그림 5-39　수학적 최적화에서는 최선을 추구한다

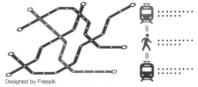

Designed by Freepik

노선도로 최단 경로를 구한다.
(도착까지 걸리는 시간을 최소로 한다)

가방에 짐을 채운다.
(무게를 최대로 한다)

아르바이트의 역할에 맞게 배치한다.
(생산에 걸리는 시간을 최소로 한다)

학교에서 학급을 나눈다.
(사이가 나쁜 짝을 최소로 한다)

Point

✔ 오퍼레이션즈 리서치는 여러 기법을 조합해서 문제를 해결한다.
✔ 수학적 최적화는 제약 조건을 만족하는 해 중에서 목적 함수 값을 최소(또는 최대)로 할 수 있는 해를 구하는 수리 계획 문제를 해결한다.

Chapter
5

읽어두면 좋은 AI 지식

5장에서는 머신러닝 등 AI와 관련된 몇 가지 기법을 소개했습니다. 하지만 AI는 날이 갈수록 발전하고 있으며 새로운 기술들이 계속해서 등장하고 있어, 최신 기술을 이해하기 위해서는 최신 논문들을 읽을 필요가 있습니다.

그래서 논문을 찾는 방법으로 Google 학술 검색(https://scholar.google.co.kr) 사용 방법을 소개합니다. Google 학술 검색을 열면 일반적인 Google 검색과 마찬가지로 검색 창이 나타납니다. 여기에 관심 있는 키워드를 입력합니다. 예를 들어, 강화학습에 대해 알고 싶다면 '강화학습'이나 'Reinforcement Learning'을 입력해 보세요.

Google 학술검색

|
● 모든 언어   ○ 한국어 웹

검색 결과 화면에서 기간을 지정하거나 인용된 논문 링크를 따라가면 차례로 새로운 논문을 찾아볼 수 있습니다. 꼭 관심 있는 논문을 찾아보세요.

≡ Google 학술검색   강화학습   🔍

◆ 학술자료   검색결과 약 240,000개 (0.06초)

모든 날짜   **심층 강화학습 기술 동향**
2023 년부터   장수영 , 윤현진 , 박노상 , 윤재관... - 전자통신동향 ..., 2019 - scholar.kyobobook.co.kr
2022 년부터   Recent trends in deep reinforcement learning (DRL) have revealed the considerable
2019 년부터   improvements to DRL algorithms in terms of performance, learning stability, and computational ...
기간 설정...   ☆ 저장 99 인용 3회 인용 관련 학술자료 전체 2개의 버전 ≫

관련도별 정렬   [PDF] **이타적 강화학습 과제를 이용한 이타성의 측정**   [PDF] researchgate.net
날짜별 정렬   설선혜 , 이민우 , 김학진 - 한국심리학회지: 일반, 2014 - researchgate.net
                     이타 행동은 타인의 안녕에 가치를 부여하는 과정을 필요로 한다. 본 연구에서는 사람들이 타인
모든 언어   의 안녕에가치를 부여하는 정도를 측정하는 이타적 **강화학습**과제를 개발하고 공감 성향과 내...
한국어 웹   ☆ 저장 99 인용 5회 인용 관련 학술자료 전체 6개의 버전 ≫

모든 유형   [PDF] **강화학습을 이용한 트레이딩 전략**   [PDF] kais99.org
검토 자료   조현민 , 신현준 - 한국산학기술학회 논문지, 2021 - kais99.org
                     ... 따라서 본 논문은 기계**학습**의 하나인 **강화학습** 모형을 이용해 KOSPI 시장에 상장되어 있는
☐ 특허 포함   개별 종목들의 주가 움직임을 정량적으로 판단하여 이를 주식매매 전략에 적용한다. ...
✓ 서지정보 포함   ☆ 저장 99 인용 1회 인용 관련 학술자료 전체 3개의 버전 ≫

보안과 개인정보 보호의 문제점

데이터 사회는 어디로 향하는가?

Data Science

≫ 데이터를 다룰 때 도덕성을 갖춘다

윤리와 도덕성이 요구되는 정보사회 \\\\\\\\\\\\\\\\\\\\\\\\\\\\\\\\\\

정보사회에서 타인에게 위해나 피해를 주지 않기 위해 지켜야 하는 것을 **정보 윤리**라고 합니다. 법률은 '해서는 안 되는 일'을 정해 놓은 것이고 윤리는 '취해야 할 행동'이라고 생각할 수 있습니다(그림 6-1).

리차드 세버슨Richard Severson이 말한 정보 윤리의 4가지 원칙으로 지적재산권 존중, 프라이버시 존중, 공정한 정보 제시, 위해를 주지 않는 것을 들 수 있습니다. 또한, 법률과 중복되는 부분이 일부 있지만, 자주성이 요구됩니다.

정보 윤리와 비슷한 말로 정보 모럴이 있습니다. 정보 모럴은 정보사회에서 활동할 때 적절한 사고방식이나 태도를 말하며, 일반적으로 사용되는 '모럴'과 같은 개념입니다. 예를 들면, '타인에게 폐를 끼치지 않는다' '타인을 불쾌하게 하지 않는다'라고 하는 것을 들 수 있습니다.

데이터를 다루는 사람에게 필요한 윤리관 \\\\\\\\\\\\\\\\\\\\\\\\\\\\\\\\

데이터를 다룰 경우에는 **데이터 윤리**라는 말이 사용됩니다. 데이터를 수집하거나 처리하면서 기업은 여러 가지 이익을 얻지만, 잘못 사용하게 되면 다른 사람에게 불쾌감을 줄 수 있습니다.

예를 들어, 프로파일링이 대표적입니다. 일반적으로 범죄 수사에서 범인의 특징을 과학적으로 분석하여 범인을 특정하는 용어로 알려져 있는데, 고객의 구매 행동을 예측할 때도 비슷한 방법을 사용할 수 있습니다.

이용자가 웹사이트를 이용할 때 그 사람의 행동 이력 등을 추적해 광고를 표시하는 장면을 많이 볼 수 있는데, 지나친 추적과 예측이 이뤄지면 이용자는 프라이버시 측면에서 불안감을 느낍니다.

스마트 스피커에 말을 걸 때뿐만 아니라 평소 대화가 녹음되고 분석된다면, 불안해서 사용하지 않게 될것입니다. **기술적으로 가능하더라도 그 데이터를 분석하는 측의 윤리의식이 요구되는 것입니다**(그림 6-2).

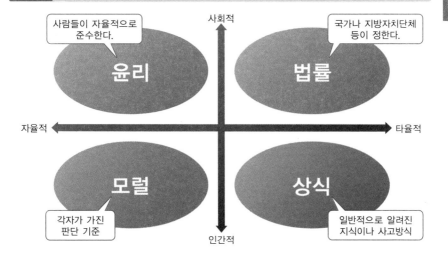

그림 6-1 윤리, 법률, 모럴, 상식의 관계

사람들이 자율적으로
준수한다.

국가나 지방자치단체
등이 정한다.

사회적

윤리

법률

자율적 ← → 타율적

모럴

상식

각자가 가진
판단 기준

인간적

일반적으로 알려진
지식이나 사고방식

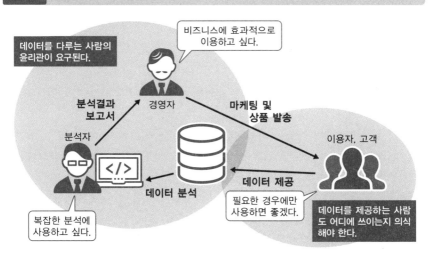

그림 6-2 데이터 윤리의 이미지

비즈니스에 효과적으로
이용하고 싶다.

데이터를 다루는 사람의
윤리관이 요구된다.

분석결과
보고서

경영자

마케팅 및
상품 발송

분석자

이용자, 고객

데이터 제공

데이터 분석

복잡한 분석에
사용하고 싶다.

필요한 경우에만
사용하면 좋겠다.

데이터를 제공하는 사람
도 어디에 쓰이는지 의식
해야 한다.

Point

✔ 정보 윤리나 정보 모럴은 정보사회에서 준수해야 하는 태도나 사고방식으로서 각
자가 자율적으로 생각해야 한다.

✔ 데이터를 다루는 사람에게는 데이터 윤리와 같은 윤리관이 있어야 한다.

보안과 개인정보 보호의 문제점

Chapter
6

≫ 흔들리는 데이터 신뢰성

통계 데이터가 의도적으로 수정되는 위험성 ////////////////////////////////////

조사 기관이나 정부에서는 다양한 통계 자료를 공개하고 있습니다. 주기적으로 데이터를 수집해서 집계된 결과는 세상의 변화를 파악하는 데 유용한데, 이러한 데이터가 의도적으로 변조되는 경우가 있습니다. 이를 **통계 부정**이라고 합니다(그림 6-3).

데이터 자체가 변조되거나 집계 방식을 임의로 변경해 데이터가 조작되어도 이용자는 이를 판단할 방법이 없습니다.

통계 데이터는 정부 예산 편성 등에도 근거로 사용되므로, 통계를 신뢰할 수 없게 되면 영향받는 범위가 커집니다. 통계 조작이 밝혀지면 **통계 데이터에 대한 신뢰가 떨어지고, 국가나 민간 기업에서는 사업 계획 등에 큰 영향을 미치게 됩니다.**

기술자에게 요구되는 윤리 //

통계 조작 등에서는 부정을 저지르는 것뿐만 아니라 발각되는 것을 막기 위해 은폐가 이루어지기도 합니다. 책임 추궁을 피하기 위해 더 많은 부정이 행해집니다.

이런 일을 방지하기 위해서는 기술자도 기술이 사회와 환경에 미치는 영향을 인식하고, 높은 윤리관을 가지고 업무에 임해야 합니다. 이를 **기술자 윤리**라고 합니다.

예를 들어, 국가자격인 기술사에는 윤리강령으로서 '공익의 이익 우선'이라는 항목이 있습니다(그림 6-4). 구체적으로 '공공의 이익과 기타 이해관계자의 이익이 상충되는 경우 공공의 안전, 건강 등의 이익을 보호하는 것을 최우선으로 한다'고 명시되어 있습니다. 여기서 '공공'이란 사회 구성원 일반을 의미하며, 자사의 이익이나 의뢰인의 이익 등 조직의 이익을 우선하지 않고 세상의 이익을 우선하는 것을 말합니다. 기술자는 회사의 이익을 위해 데이터 조작 등을 허용하는 것이 아니라 공공의 이익 확보를 염두에 두어야 합니다.

그림6-3	통계 부정 사례(일본)	

시기	관청	데이터 내용
2021년 12월	국토교통성	건설공사수주동태통계
2019년 2월	총무성	소매물가통계(오사카부)
2019년 1월	후생노동성	임금구조기본통계
2018년 12월	후생노동성	매월근로통계
2016년 12월	경제산업성	섬유유통통계
2015년 6월	총무성	소매물가통계(고치현)

그림6-4	기술자 윤리의 공공 이익 우선

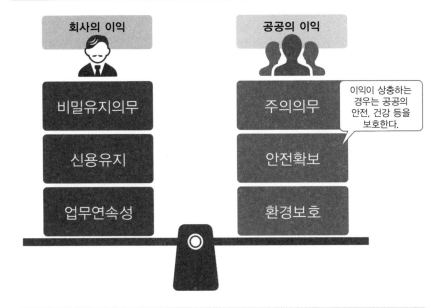

회사의 이익

- 비밀유지의무
- 신용유지
- 업무연속성

공공의 이익

- 주의의무
- 안전확보
- 환경보호

이익이 상충하는 경우는 공공의 안전, 건강 등을 보호한다.

Point

✔ 통계가 조작되면 조사 결과를 신뢰할 수 없게 되고, 국가나 기업의 사업계획 등에 큰 영향을 미치게 된다.

✔ 회사의 이익과 공공의 이익이 상충하는 등 기술자가 관여하는 업무에서는 기술자의 높은 윤리의식이 요구된다.

≫ 잘못된 인식으로 흔들리는 정확도

데이터에 대한 착각

데이터 수집자나 데이터 분석자의 편견이나 착각, 오해 등이 존재하는 상태에서 수집된 데이터에 의해 발생하는 오차를 **데이터 편향**^{Data Bias}이라고 합니다(그림 6-5).

예를 들어 중학교 2학년의 전국 평균 키를 구하고 싶은 경우, 한 중학교에서 2학년만 모아서 측정해도 어느 정도 높은 정확도로 전국 평균 키를 구할 수 있습니다. 그러나 똑같이 한 중학교의 2학년 학생을 모으더라도 교통비 평균을 구하는 경우라면 전국 평균과는 크게 다를 가능성이 있습니다.

도시와 지방 차이도 있고, 집에서 학교까지의 거리도 다르며, 학원에 다니는 빈도도 다르기 때문입니다. 당연히 사립학교와 공립학교의 차이도 있을 것입니다. 이런 데이터는 키 데이터와는 다릅니다. **데이터를 수집할 때는 데이터 편향에 주의해야 합니다.**

편향된 데이터로 만들어지는 알고리즘

편향된 데이터를 학습함으로써 머신러닝 등의 학습 결과가 편향된 답을 내놓는 상태를 **알고리즘 편향**이라고 합니다(그림 6-6).

예를 들어, 남성 데이터만 학습한 AI에 여성에 관한 데이터를 넣으면 예상과는 다른 예측 결과가 출력될 가능성이 있습니다. 성별뿐만 아니라 국가 차이, 연령 차이, 직업 차이 등 다양한 분야에서 이런 일은 동일하게 발생합니다. 마찬가지로 동물 데이터만 학습한 AI에 식물 데이터를 넣어봐야 좋은 결과를 얻을 수 없습니다.

연구소 등 환경이 잘 갖춰진 상태에서 학습시킨 AI도 비즈니스 현장에서는 노이즈가 많아 쓸모없다고 판단될 때가 있습니다. 이처럼 **보유한 데이터만으로 AI를 학습시키면 실제로 사용하려고 할 때 쓸모없는 경우가 많습니다.** 가능한 한 실제 운영 환경에서 데이터를 수집하고, 현장과 동일한 구성의 컴퓨터로 처리하는 등의 대응이 필요합니다.

그림 6-5 오해로 만들어진 데이터 편향

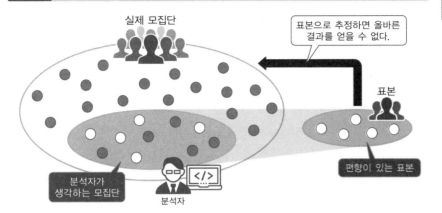

그림 6-6 알고리즘 편향은 데이터 '편향'에서 생긴다

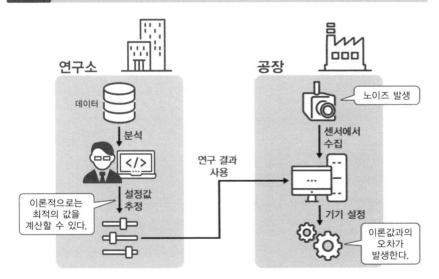

Point

✔ 데이터 편향이 있으면, 분석해서 얻은 결과가 올바르지 않을 가능성이 있다.

✔ 알고리즘 편향이 있으면, 완성한 알고리즘이 도움되지 않는 상황이 발생한다.

≫ 개인정보 보호를 위한 움직임(1)

개인정보보호법의 변화 \\

개인정보는 기업의 중요한 '재산'이지만, 개인의 입장에서는 함부로 사용되면 곤란한 정보입니다. 그래서 개인정보를 보호하고 적절하게 다루기 위해 **개인정보보호법**이 제정되었습니다. 일본의 경우 2003년 5월 공포, 2005년 4월 시행된 이 법에 '개인정보'라는 단어가 정의되어 있습니다(한국의 경우 2011년 3월 29일에 제정되었습니다).

2015년 9월 개정(2017년 5월 시행)에서는 보호할 개인정보를 명확하게 하면서 활용 등을 포함하는 내용으로 개정되었습니다. 구체적인 내용으로는 개인정보의 정의에 '개인식별부호가 포함된 것'이라는 설명과 '배려가 필요한 개인정보'라는 단어가 추가되었습니다. 이는 '인종', '사상', '신념', '병력' 등을 특히 고려하여 처리하도록 규정한 것입니다.

다시 2020년 6월 개정(2022년 4월 시행)에서는 '개인관련정보'라는 단어가 추가되었습니다. 이 개인관련정보를 제3자에게 제공할 때는 본인의 동의를 얻어야만 하는 경우가 있습니다(그림 6-7).

또한, 본인의 청구권이 확대되어 이용정지 등을 청구할 수 있게 되었습니다. 사업자 측에도 책임이 추가되어 개인정보 유출 등이 발생했을 때 개인정보 보호위원회에 대한 보고 의무와 본인에 대한 통지 의무가 추가되었습니다(그림 6-8).

개인정보 보호 인증 마크가 갖는 의미 \\\

기업이 개인정보를 어떻게 어떻게 하고 있는지, 이용자가 확인하기는 어렵습니다. 그래서 개인정보를 적절하게 보호하는 체제를 갖춘 사업자를 인증하는 제도로서 **개인정보 보호 인증 마크**가 있습니다.

인증된 사업자는 명함이나 팜플렛, 웹사이트 등으로 마크를 게시할 수 있기 때문에 이용자에게 안도감을 줄 수 있습니다. 또한 소비자들은 개인정보 보호 인증 마크를 확인함으로써 개인 정보 보호에 대한 의식을 향상시킬 수 있습니다.

그림 6-7 개인정보와 개인관련정보의 관계

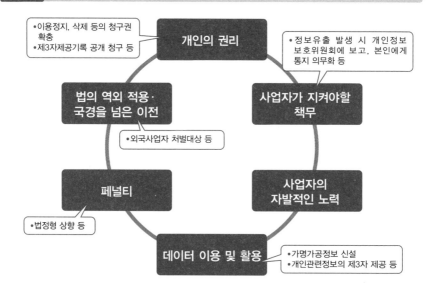

생존하는 개인에 관한 정보

개인정보 ──익명화──▶ 익명가공정보 ──── 제3자제공 : 가능

개인정보 ──가명화──▶ 가명가공정보 ──── 제3자제공 : 금지

개인관련정보

제공원 : 개인 데이터에 해당하지 않는다.
제공처 : 개인 데이터가 될 것이 예상된다.
↓
제3자제공 : 본인 동의를 얻었는지 확인이 필요하다.

생존하는 개인에 관한 정보로 개인정보, 익명가공정보, 가명가공정보 모두에 해당하지 않는 정보

그림 6-8 개인정보보호법 개정(2022년 4월 시행)

• 이용정지, 삭제 등의 청구권 확충
• 제3자제공기록 공개 청구 등

개인의 권리

• 정보유출 발생 시 개인정보 보호위원회에 보고, 본인에게 통지 의무화 등

법의 역외 적용·국경을 넘은 이전

• 외국사업자 처벌대상 등

사업자가 지켜야할 책무

페널티

• 법정형 상향 등

사업자의 자발적인 노력

데이터 이용 및 활용

• 가명가공정보 신설
• 개인관련정보의 제3자 제공 등

Point

✔ 2022년 4월에 시행된 개정개인정보보호법에서는 개인관련정보가 추가됐다.

✔ 개인정보 보호 인증 마크가 부여된 사업자는 개인정보를 적절하게 보호하는 시스템을 갖추고 있다.

≫ 개인정보 보호를 위한 움직임(2)

전 세계에서 요구되는 개인정보의 적절한 관리 \\\

EU(유럽연합)의 개인정보보호법에 해당하는 것으로 **GDPR**(일반 데이터 보호 규정)이 있습니다. GDPR은 EU에서 사업하는 기업만 영향을 받는 것이 아닙니다. **조직의 활동 거점이 EU 역외에 있더라도 EU 거주자가 등록하는 웹서비스에서는 해당 규정에 따라 개인정보 취급에 대응할 필요가 있습니다**(그림 6-9).

EU의 모든 개인이 각자의 개인 데이터를 '통제할 수 있고, 개인정보 보호를 강화'하기 위한 것으로, 자신의 데이터가 침해되었는지 알 수 있어야 하고, 필요에 따라 삭제를 요청할 수 있는 등의 권리가 있습니다.

위반 시 제재 금액이 큰 것도 특징인데, 경미한 경우에도 최대 기업의 전 세계 매출액(연간)의 2% 또는 1,000만 유로 중 높은 금액, 명백한 권리 침해의 경우 그 두 배로 설정되어 있습니다.

CPRA \\

그밖에도 미국 캘리포니아주 주민을 대상으로 한 개인 데이터 보호에 관한 법률인 **CPRA**(캘리포니아 개인정보보호 권리법)가 있습니다. 다른 국가에서 제공하는 웹서비스라도 캘리포니아주 주민이 회원으로 가입하면 그 개인 데이터 취급에 주의해야 합니다.

예를 들어, **쿠키나 IP 주소와 같은 데이터를 분석에 사용하려는 경우, 이러한 데이터로도 개인을 식별할 가능성이 있으므로 개인 데이터로 취급해야 한다는 것입니다.**

일본의 개인정보보호법이나 GDPR은 개인을 식별할 수 있는 정보가 대상인 반면, CPRA는 가구를 식별할 수 있는 정보도 대상이 됩니다. 수집한 데이터를 제3자에게 공개하거나 판매하는 것을 거부할 권리도 있습니다.

전 세계적으로 개인정보보호를 위한 노력이 진행되고 있습니다(그림 6-10).

그림 6-9 GDPR과 CPRA

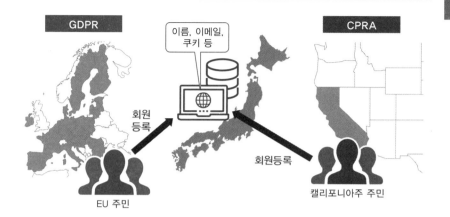

그림 6-10 세계 각국의 개인정보보호 노력 강화 사례

국가 또는 지역	내용	시행(개정)
일본	개인정보보호법	2022년 4월 시행
EU	GDPR	2018년 5월 시행
캘리포니아주	CPRA	2023년 1월 시행
버지니아주	VCDPA	2023년 1월 시행
중국	CSL, DSL, PIPL	2021년 11월 시행
브라질	LGPD	2020년 8월 시행
싱가폴	PDPA	2021년 2월 시행
태국	PDPA	2022년 6월 시행
한국	개인정보보호법	2024년 3월 시행(일부개정)

Point

✔ GDPR은 EU에 거주하는 모든 개인의 개인정보를 보호하기 위해 제정됐다.

✔ CPRA는 캘리포니아주 주민의 개인정보를 보호하기 위해 저정되었으며 가구를 식별할 수 있는 정보도 보호 대상이다.

≫ 개인정보 활용을 고려한다

익명화와 가명화 //

기업이 소비자가 원하는 상품을 만들 때 필요한 것은 개인정보가 아니라 통계 데이터나 익명의 데이터로도 충분한 경우가 많습니다. 따라서 **특정 개인을 식별할 수 없도록 개인정보를 가공해서 복원할 수 없게 만든 후 분석**에 활용하는 방법을 생각해 볼 수 있습니다.

개인정보를 가공한 것으로는 가명가공정보와 익명가공정보가 있습니다. 둘 다 개인정보를 데이터 분석 등에 이용하고자 가공한 것이지만, 활용 범위와 취급 방법은 다릅니다.

가명가공정보는 다른 정보와 대조하지 않으면 특정 개인을 식별할 수 없도록 가공한 것으로, 이 작업을 **가명화**라고 합니다(그림 6-11). 이용 목적을 명시하여 공개해야 하고, 내부에서 데이터 분석에 사용할 수 있지만, 제3자에게 제공하는 것은 제한되어 있습니다.

반면, 익명가공정보는 특정 개인을 식별할 수 없도록 개인정보를 가공하여 원래의 정보를 복원할 수 없게 한 것으로, 이 작업을 **익명화**라고 합니다. 익명가공정보에 포함되는 개인에 관한 항목을 공개해야 하지만, 제3자에게 제공할 수 있습니다. 단, 통계정보를 작성하기 위해 가공하는 거라면 공개할 필요가 없습니다.

개인을 식별할 수 없도록 가공한다 //////////////////////////////////////

익명가공정보를 작성할 때는 개인 정보에 포함된 내용 일부를 삭제하거나, 개인 식별 코드를 완전히 제거하여 개인을 식별할 수 없도록 합니다. 이때 사용할 수 있는 방법 중 하나로 **k-익명화**가 있습니다.

동일한 속성을 가진 데이터가 k개 이상* 존재하도록 데이터를 변환하는 방법으로, 예를 들어 그림 6-12의 왼쪽 데이터가 있는 경우, 그림 6-12의 오른쪽처럼 변환함으로써 데이터 안에 있는 어떤 사람도 다른 사람과 구별할 수 없게 됩니다.

* 일반적으로 k=3 이상이 사용된다.

그림 6-11 단독으로는 개인을 특정할 수 없는 가명화

이름	이메일		나이	응답1	응답2
박대기	t_yamada@example.com		31	매우 좋음	좋음
지화자	h_suzuki@example.co.jp		28	좋음	보통
홍길동	s_sato@example.org		45	매우 좋음	보통
	...		...		

고객ID	주소ID	나이	응답1	응답2
87371	382998	31	5	4
42895	420135	28	4	3
50968	671109	45	5	3
...	...	...	...	...

데이터 분석에 사용

가명화한 데이터

고객ID	이름	주소	이메일
...	...	...	...
42895	지화자	382998	t_yamada@example.com
50968	홍길동	420135	h_suzuki@example.co.jp
...	...	...	...
87831	박대기	671109	s_sato@example.org
...	...	...	...

개인을 특정할 수 있는 정보는 비밀로 한다.

그림 6-12 k-익명화에서는 개인을 식별할 수 없다

주소	성별	나이	...
서울시 강남구 논현동 291-10	남	32	...
서울시 강남구 신사동 429-1	남	39	...
서울시 강남구 대치동 495-3	남	33	...
서울시 마포구 대흥동 34-1	여	45	...
서울시 마포구 신수동 93-5	여	41	...
서울시 마포구 신수동 323	여	44	...
서울시 은평구 응암동 28-1	남	28	...
서울시 은평구 응암동 77-3	남	22	...
서울시 은평구 역촌동 506	남	25	...
성남시 분당구 판교동 110-1	여	30	...
...		...	...

주소	성별	나이	...
서울시 강남구	남	30代	...
서울시 강남구	남	30代	...
서울시 강남구	남	30代	...
서울시 마포구	여	40代	...
서울시 마포구	여	40代	...
서울시 마포구	여	40代	...
서울시 은평구	남	20代	...
서울시 은평구	남	20代	...
서울시 은평구	남	20代	...
성남시 분당구	여	30代	...
...			

개인을 특정할 수 없다

Point

✔ 다른 정보와 대조하지 않으면 특정 개인을 식별할 수 없도록 가공하는 작업을 가명
  화라고 한다.

✔ 특정 개인을 식별할 수 없도록 처리해 원래 정보를 복원할 수 없도록 가공하는 작
  업을 익명화라고 한다.

✔ 동일한 속성을 가진 데이터가 k개 이상 존재하도록 변환하는 것을 k-익명화라고
  한다.

≫ 데이터 유통과 이용법을 생각한다

정부가 추진하는 데이터 활용 //

일본 총무성이 공개한 2017년판 '정보통신백서'에는 '데이터 주도 경제와 사회변혁' 이라는 특집이 편성되어 있었습니다. 민관 데이터 활용 추진 기본법 제정, 개정 개인 정보보호법 전면 시행 등, AI와 IoT를 결합해 빅데이터를 활용하고자 하는 노력이었 습니다(그림 6-13).

이후 2020년판 '정보통신백서'에서는 **데이터 주도 사회**라는 말이 사용됐으며, 2030 년대 디지털 경제-사회의 미래상으로서 데이터 주도형 **초스마트 사회**로 전환한다고 언급되어 있습니다.

이는 현실 세계의 데이터를 IoT로 수집해서 사이버 공간에 축적하고, **AI로 분석한 결과를 다시 현실세계로 돌려보냄으로써 경제발전과 사회문제 해결을 모두 실현하 는 것**을 말합니다. 또 대량의 데이터로 사이버 공간과 현실 세계를 고도로 융합하는 'Society 5.0'을 목표로 하고 있습니다(그림 6-14).

가치 있는 데이터를 활용하는 노력 //

데이터 주도 경제 및 데이터 주도 사회에서는 개인과 관련된 데이터 활용이 주목받 고 있습니다. 그중에서도 다양한 사업자가 수집한 개인의 행동 이력 및 구매 이력 등 의 정보를 관리하고, 다른 사업자에 제공하는 사업으로 **'정보은행'**이 있습니다(그림 6-15).

이때 데이터를 제공하는 대상 및 이용 목적에 대해서는 본인이 동의한 범위 내에서 제공됩니다. 제공받은 사업자들은 그 범위 내에서 상세한 데이터를 사용할 수 있기 를 기대합니다.

이렇게 되면 사업자만 혜택을 보는 것같지만, 은행에 예금하고 이자를 받는 것처럼 이 용자도 **정보를 제공함으로써 본인이나 사회의 편익으로 환원**되는 것이 특징입니다.

이때 개인이 자신의 의사로 자신과 관련된 데이터를 안전하게 저장하는 기술을 PDS^Personal data Store^라고 합니다.

그림 6-13 데이터 유통 및 활용에 관한 법률의 위치

사이버 보안 기본법	데이터 유통 확대	사이버 보안 기본법
데이터 유통에서 사이버 보안 강화 (2014년 제정)	AI · IoT 관련 기술 개발 및 활용 촉진	개인정보가 안전하게 유통될 수 있도록 개인정보를 익명가공정보로 가공하여 안전한 형태로 자체적으로 활용할 수 있도록 하는 제도 신설(2015년 개정)

원칙 IT에 의한 효율화 등 ← → 생성, 유통, 공유, 활용되는 데이터 양의 비약적 증가

민관 데이터 활용 추진 기본법

출처: 총무성 '2017년판 정보통신백서'(URL: https://www.soumu.go.jp/johotsusintokei/whitepaper/ja/h29/
pdf/29honpen.pdf), P.64 '데이터 유통 · 이활용에 관련된 법률의 위상'을 바탕으로 작성

그림 6-14 Society 5.0의 실현을 지향한다

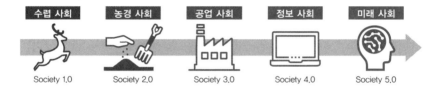

수렵 사회	농경 사회	공업 사회	정보 사회	미래 사회
Society 1.0	Society 2.0	Society 3.0	Society 4.0	Society 5.0

그림 6-15 정보 관리 및 제공을 담당하는 정보은행

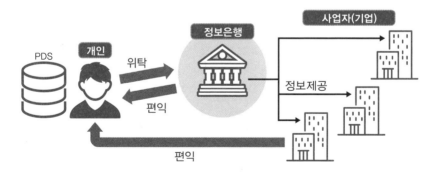

Point

✔ 데이터를 기반으로 경제 발전과 사회적 문제를 해결하는 사회를 데이터 주도 사회라고 한다.

✔ 정보은행은 개인의 행동 이력이나 구매 이력 등의 정보를 위탁받음으로써 사업자나 은행으로부터 어떤 이득을 얻을 수 있다.

≫ 데이터를 다루는 규칙을 정한다

조직에서 보안에 관한 통일된 규칙을 결정한다 〰〰〰〰〰〰〰〰〰〰〰〰〰〰〰

정보보안에 관한 조직의 기본 방침을 보여주는 것이 **정보보안 정책**입니다. 일반적으로 그림 6-16과 같이 '기본방침'과 '대책기준', '시행절차'로 구성됩니다. 기본방침과 대책기준만을 따로 지칭하여 정보보안 정책이라고 부르기도 합니다.

정보보안 정책을 문서로 책정함으로써 조직에 속한 모든 사람이 정보보안에 대한 공통된 규칙을 확인할 수 있고 인식을 일치시킬 수 있습니다. 정보보안 정책은 한 번 수립했다고 끝이 아닙니다. 조직을 둘러싼 환경은 계속해서 변화하므로 취급할 데이터의 종류와 데이터에 대한 위험도 변화합니다. 따라서 **정보보안 정책은 정기적으로 재검토해야 합니다**.

개인정보 수집 방침을 공개한다 〰〰〰〰〰〰〰〰〰〰〰〰〰〰〰〰〰〰〰〰〰

조직이 고객 개인 정보 등의 데이터를 다룰 때는 개인정보 보호에 관한 방침을 **개인정보보호 정책**으로 문서화해야 합니다. 설문 조사를 실시하거나 웹사이트에서 회원 가입할 때처럼 이용자의 개인 정보를 수집할 때는 해당 정보의 이용 목적과 관리 체제에 대한 본인의 동의를 얻어야만 합니다(그림 6-17).

그리고 수집한 이후에 해당 개인 정보를 다룰 때는 개인정보 보호정책에 명시한 범위 내에서 사용합니다. 수집한 데이터를 분석하려 해도, 이 개인정보 보호정책에 '이용자 정보의 집계'나 '통계 데이터 작성' 항목이 명시되어 있지 않으면, 애초에 분석에 이용할 수 없을 수도 있습니다.

그러므로 어떤 데이터를 수집할지 어떻게 사용할지 사전에 파악하고, **작성한 내용에 대해 제공자의 동의를 받아야 합니다**.

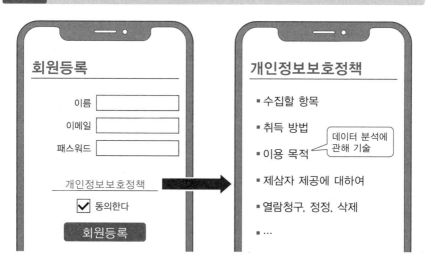

그림 6-16 정보보안 정책이란?

정보보안 정책

기본 방침 — 정보보안에 대한 기본적인 방침

대책기준 — 대책을 통일적으로 실시하기 위해 해야할 일

실시절차 — 대책기준의 내용을 실행하기 위한 구체적인 절차

그림 6-17 개인정보 수집에 필요한 개인정보 보호정책

회원등록

이름

이메일

패스워드

개인정보보호정책

☑ 동의한다

회원등록

→

개인정보보호정책

▪ 수집할 항목

▪ 취득 방법

▪ 이용 목적 — 데이터 분석에 관해 기술

▪ 제삼자 제공에 대하여

▪ 열람청구, 정정, 삭제

▪ …

Point

✔ 조직마다 취급하는 데이터의 종류와 내용, 데이터에 대한 리스크가 다르기 때문에 정보보안 정책은 조직 단위로 정해야 한다.

✔ 개인정보를 수집할 때는 개인정보보호 정책에 대해 본인의 동의를 얻어야 한다.

≫ 무슨 목적으로 데이터를 수집하는지 명시한다

처리 목적을 명확히 한다 //

개인정보보호법에서는 개인정보처리자의 의무로서 '개인정보처리자는 개인정보의 처리 목적을 명확하게 하여야 하고 그 목적에 필요한 범위에서 최소한의 개인정보만을 적법하고 정당하게 수집하여야 한다.', '개인정보처리자는 개인정보의 처리 목적에 필요한 범위에서 적합하게 개인정보를 처리하여야 하며, 그 목적 외의 용도로 활용하여서는 아니 된다."라고 명시되어 있습니다.

즉, 개인정보보호 정책에 **이용 목적**을 **구체적으로 명시해야 합니다**. 예를 들어, '사업 활동에 이용하기 위해', '마케팅 활동에 이용하기 위해'라는 내용으로는 구체성이 부족하므로 '상품 발송', '주소 인쇄' 등 구체적인 내용을 기재할 필요가 있습니다.

데이터 분석을 위해 통계적 처리를 한다면 '통계 작성'과 같은 항목을 이용 목적에 포함시켜야 합니다(그림 6-18).

옵트인과 옵트아웃 //

다이렉트 메일을 발송할 때 미리 발송 동의를 받는 방법을 **옵트인**opt-in이라 하고, 동의를 받지 않고 메일을 발송하여 본인이 거부했을 때 다음부터 발송하지 않는 방법을 **옵트아웃**opt-out이라 합니다(그림 6-19).

개인정보보호법에서는 본인의 동의가 없는 경우 개인정보를 제3자에게 제공하는 것을 원칙적으로 금지하고 있습니다. 이 경우도 일정한 절차를 거친 경우에는 본인의 동의 없이 제3자에게 제공할 수 있는데, 이를 옵트아웃이라고 합니다. 반대로 본인의 동의를 사전에 받는 것을 옵트인이라고 합니다.

옵트아웃을 이용해 제3자에게 정보를 제공하기 위해서는 본인이 거부할 수 있는 환경을 준비하고 개인정보를 제3자에게 제공합니다. 만약 본인이 정보 제공 중단을 요청하면 제3자에게 개인정보가 제공된 이후라도 중단할 수 있도록 합니다. 옵트아웃에 의한 제3자 제공에 대해서는 엄격한 조건이 규정되어 있습니다. 또한, 민감한 개인정보는 옵트아웃으로 제공할 수 없습니다.

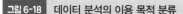

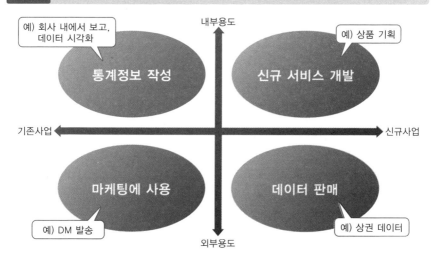

그림 6-18 데이터 분석의 이용 목적 분류

내부용도

예) 회사 내에서 보고, 데이터 시각화

통계정보 작성

예) 상품 기획

신규 서비스 개발

기존사업 ◄─────────────────────► 신규사업

마케팅에 사용

데이터 판매

예) DM 발송

예) 상권 데이터

외부용도

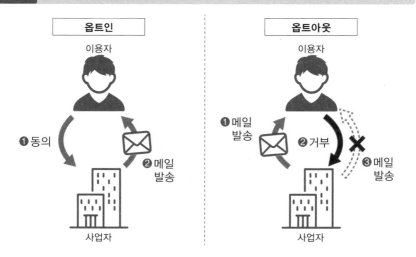

그림 6-19 옵트인과 옵트아웃(이메일의 경우)

옵트인	옵트아웃

이용자

이용자

❶동의

❷메일 발송

사업자

❶메일 발송

❷거부

❸메일 발송

사업자

Point

✔ 개인정보를 이용할 때 이용 목적은 구체적으로 명시할 필요가 있다.

✔ 옵트아웃은 사전에 동의를 얻지 않고 본인이 원하지 않을 경우에 거부할 수 있도록 설정하는 반면, 옵트인은 사전에 동의를 얻는다.

>> 데이터가 가진 권리를 이해한다

지적재산의 보호

창작 활동을 통해 새로운 아이디어나 문서, 제품 등이 속속 만들어지고 있는데, 이를 무단으로 복제해선 안됩니다. 그래서 이러한 재산적 가치가 있는 것을 보호하기 위해 **지적재산권**이 있습니다.

지적재산권에는 그림 6-20처럼 다양한 종류가 있습니다. 그 중에서도 데이터 활용을 고려할 때 특허권, 상표권, 저작권에 특히 주의해야만 합니다.

여기서는 **저작권**에 관해 살펴보겠습니다. 인터넷이나 책 등 세상에는 많은 문장이 존재하지만, 다른 사람이 작성한 글을 마음대로 베껴서 자신의 글이라고 발표할 수는 없습니다. 이는 문장뿐만 아니라 음악, 그림, 프로그램 등도 마찬가지로 보호 대상입니다.

저작권은 저작물을 창작한 시점부터 자동으로 발생하므로 따로 신고할 필요가 없습니다. 즉, **창작물이 생성된 시점에 저작권이 발생하며, 무단으로 사용하면 저작권 위반이 됩니다.**

데이터의 저작권

일반적으로 데이터 자체에는 창작성이 없지만, 이 데이터를 어떤 항목으로 정리한 데이터베이스에는 저작권이 발생합니다. 다시 말해, 공개된 데이터라도 해당 데이터를 정리한 사람이 저작권을 주장할 수 있습니다.

일본에서는 대량의 데이터를 분석하거나 머신러닝에 활용하는 경우에 저작권법 제30조의 4항(저작물에 표현된 사상 또는 감정을 스스로 향유하거나 타인에게 향유시킬 목적으로 하지 않는 경우)에 의해 예외가 될 수 있습니다(그림 6-21).

이때, 데이터를 어디에서 가공하고 처리할지를 의식해야 합니다. 국내 서버 등에서 가공하고 처리하면 국내 저작권법이 적용되지만, 해외 서버 등을 사용하는 경우에는 상황이 달라질 수 있습니다.

그림 6-20 지적재산의 종류

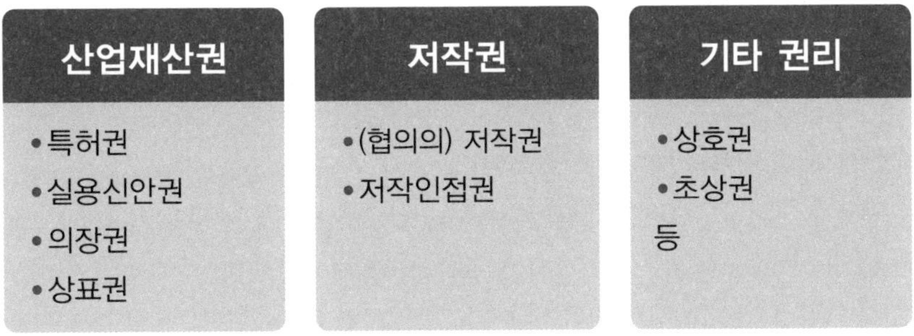

산업재산권	저작권	기타 권리
• 특허권 • 실용신안권 • 의장권 • 상표권	• (협의의) 저작권 • 저작인접권	• 상호권 • 초상권 등

그림 6-21 저작권법 상의 데이터 저작권

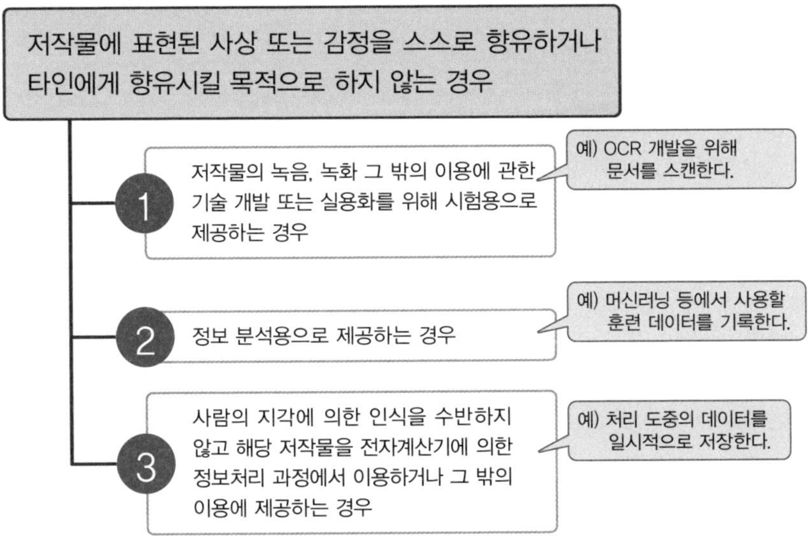

저작물에 표현된 사상 또는 감정을 스스로 향유하거나
타인에게 향유시킬 목적으로 하지 않는 경우

1 저작물의 녹음, 녹화 그 밖의 이용에 관한
기술 개발 또는 실용화를 위해 시험용으로
제공하는 경우

> 예) OCR 개발을 위해
> 문서를 스캔한다.

2 정보 분석용으로 제공하는 경우

> 예) 머신러닝 등에서 사용할
> 훈련 데이터를 기록한다.

3 사람의 지각에 의한 인식을 수반하지
않고 해당 저작물을 전자계산기에 의한
정보처리 과정에서 이용하거나 그 밖의
이용에 제공하는 경우

> 예) 처리 도중의 데이터를
> 일시적으로 저장한다.

Point

✔ 데이터를 활용할 경우 특허권, 상표권, 저작권 등 지적재산권에 주의해야 한다.

✔ 저작권은 저작물을 창작한 시점에 자동으로 발생한다.

✔ 데이터를 정리한 데이터베이스에도 저작권이 발생하지만, 머신러닝 등에 사용하는
경우에는 대상에서 예외가 되는 경우가 있다.

≫ 외부 데이터를 자동으로 가져온다

웹페이지에서 원하는 데이터를 추출한다 //

데이터를 분석하고 싶지만 필요한 데이터가 수중에 없을 때, 인터넷 상에 있는 웹사이트에서 추출하는 방법을 생각할 수 있습니다. 웹사이트는 HTML이라는 언어로 페이지의 내용을 작성하므로, 거기에서 필요한 정보만 추출해야 합니다. 이렇게 불필요한 정보를 제거하고 원하는 부분만을 꺼내는 것을 **스크래핑**이라고 합니다.

예를 들어, 그림 6-22와 같은 웹페이지에서는 〈table〉이라는 태그를 사용해서 데이터를 표 형식으로 정리합니다. 여기에서 데이터만 추출하고 CSV 형식으로 변환하려면, 태그를 제거하고 쉼표로 구분하는 처리를 합니다.

여러 웹페이지를 돌아다닌다 //

단일 페이지에서만 데이터를 취득하는 게 아니라 여러 페이지에서 취득하고 싶은 경우도 있습니다. 예를 들어, 검색 결과가 한 페이지에 20개씩 표시되어 있어 페이지를 순서대로 넘겨야 모든 것을 볼 수 있는 웹사이트라면 차례로 페이지를 읽어들여야 합니다.

이때, 여러 페이지를 순차적으로 읽어들이거나 다른 웹사이트를 돌아다니거나 하는 것을 **크롤링**이라고 합니다(그림 6-23). 컴퓨터는 고속으로 처리할 수 있기 때문에 대량의 페이지가 있어도 한 페이지씩 읽어들이면서 데이터를 수집할 수 있습니다.

반면, 웹 서버 입장에서 볼 때는 단시간에 연속적으로 액세스가 집중되면 부하가 높아집니다. 사람이 직접 처리하는 속도라면 문제가 없지만, **프로그램이 자동으로 크롤링하면 서버의 처리 능력을 초과하여 서버가 다운될 가능성도 있습니다.**

따라서 크롤링하는 쪽에서 웹페이지를 불러오는 간격을 조절할 필요가 있습니다. 예를 들어, 몇 초에 한 번정도 액세스하는 식으로 프로그램이 불러오는 간격을 조정하여 크롤링합니다.

그림 6-22 스크래핑 처리

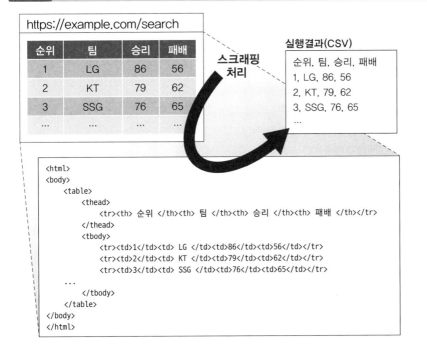

```
https://example.com/search

순위   팀    승리   패배
1     LG    86    56
2     KT    79    62
3     SSG   76    65
...   ...   ...   ...
```

스크래핑
처리

실행결과(CSV)

```
순위, 팀, 승리, 패배
1, LG, 86, 56
2, KT, 79, 62
3, SSG, 76, 65
...
```

```html
<html>
<body>
    <table>
        <thead>
            <tr><th> 순위 </th><th> 팀 </th><th> 승리 </th><th> 패배 </th></tr>
        </thead>
        <tbody>
            <tr><td>1</td><td> LG </td><td>86</td><td>56</td></tr>
            <tr><td>2</td><td> KT </td><td>79</td><td>62</td></tr>
            <tr><td>3</td><td> SSG </td><td>76</td><td>65</td></tr>
        ...
        </tbody>
    </table>
</body>
</html>
```

그림 6-23 크롤링 처리

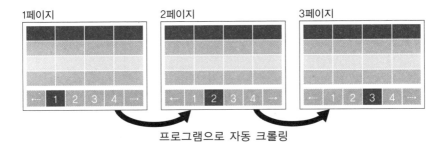

1페이지

2페이지

3페이지

프로그램으로 자동 크롤링

> **Point**
> ✔ 웹페이지에서 필요한 부분만 추출하는 것을 스크래핑이라고 한다.
> ✔ 복수의 페이지를 차례로 따라가는 것을 크롤링이라고 하고, 웹 서버에 부하가 걸리지 않는 페이스로 조정할 필요가 있다.

≫ 보유한 데이터에 접근하는 것을 관리한다

최소한의 권한만 부여한다 \\

데이터를 분석하려면 우선 분석 대상 데이터에 접근해야 합니다. 하지만 **모든 데이터에 누구나 접근할 수 있는 것은 아닙니다.** 일반적으로 '최소 권한'이라는 말을 사용하는데, 업무에 필요한 부분 외에는 함부로 접근할 수 없도록 최소한의 권한만 부여하는 것을 의미합니다. 이렇게 제한하는 것을 **접근 제어**^{Access Control}라고 합니다(그림 6-24).

이는 비단 컴퓨터뿐만 아니라 네트워크나 데이터베이스에 대해서도 마찬가지입니다. 접근이 필요한 경우라도 언제든지 접근할 수 있도록 하는 것이 아니라 **특정 영역에 대해 일시적으로 권한을 부여하고, 작업이 끝나면 그 권한을 관리자에게 반환하는 운영이 바람직합니다.**

데이터베이스에 접근할 경우에는 상사나 관리자에게 신청하고 승인을 받는 흐름을 구축함으로써 데이터 유출이나 변경 등의 문제가 발생하더라도 그 원인을 규명할 수 있어 영향을 최소화할 수 있습니다.

데이터 분석에 백업을 사용하는 위험성 \\

분석에 필요한 데이터 준비나 생성 모델 검증 등의 이유로 **백업**을 사용하는 경우가 있습니다. 일반적으로 고장이나 오작동 발생할 때를 대비해 백업하고 복원을 목적으로 보존합니다. 이 백업은 과거 특정 시점의 데이터를 모두 가지고 있으므로 재현성이 높은 데이터로 분석에 사용할 수 있습니다(그림 6-25).

그러나 백업을 이런 방식으로 사용했을 때 데이터 관리자와 데이터 이용자의 인식은 달라집니다. 원래 목적 이외의 용도로 사용하면 여러 가지 문제가 발생합니다. 예를 들어, 백업 데이터에는 개별적으로 접근 권한이 설정되어 있지 않아 접근 통제가 작동하지 않는 상태로 보안에 취약합니다. 또한, 조작 실수로 인해 백업 데이터가 유실될 위험성도 있습니다. 이렇게 되면 본말이 전도되므로, 백업을 사용하지 말고 다른 방법을 검토해야 합니다.

그림 6-24 트러블을 방지하는 접근 제어

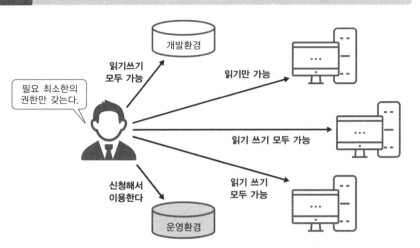

그림 6-25 백업 데이터 사용하기

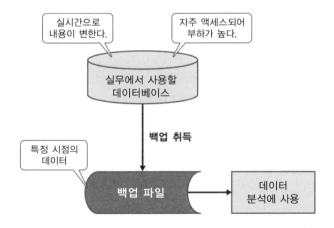

Point

✔ 필요한 데이터만 접근할 수 있도록 제한하는 것을 액세스 제어라고 한다.

✔ 백업 데이터는 특정 시점의 데이터를 모두 갖고 있어 데이터 분석에 편리하지만, 본래의 목적과는 다르므로 다른 방법을 고려해야 한다.

» 내부 데이터 반출을 방지한다

정기적으로 감사를 실시한다 \\

정보 유출 사건이 뉴스로 많이 보도되고 있지만, 실제 피해 건수 등을 통계적으로 보면 **외부 공격보다 오조작이나 관리 실수, 내부에서의 정보 반출이 압도적으로 많습니다.** 외부 공격은 중요한 정보가 어디에 있는지 파악하는 것이 어렵지만, 내부에서 반출되는 경우는 평소 업무 중에 어떤 정보가 중요한 정보인지 파악하고 있는 것이 원인으로 보입니다.

데이터 분석자는 분석을 위해 많은 데이터를 접합니다. 그 안에는 매출, 재고, 개인 정보, 신용카드 정보 등 타사에서 원하는 정보가 많이 포함되어 있습니다. 그래서 만약 외부로 유출하면 그 정보가 비싸게 팔리는 경우가 적지 않습니다.

이러한 인센티브가 많은 상황에서 정보 반출을 방지하기 위해서는 다양한 기술적 조치와 더불어 규칙 제정, 로그 모니터링 등을 해야 합니다. 그리고 정보 자산의 관리 현황에 대한 **감사**를 정기적으로 실시하는 등 적절하게 관리되고 있는지 확인합니다(그림 6-26).

데이터가 외부로 나오는 것을 방지한다 \\\

정보 유출을 방지하는 기술적인 대책으로 접근 권한 설정이나 외부로의 파일 공유 금지, USB 메모리 연결 금지 등을 철저히 하는 조직은 많이 있습니다. 이런 대책은 이용자 감시에 해당하며, 이용자에 대한 행동의 제한 등에 통해서 부정한 반출을 막는 방식입니다.

최근에는 '데이터 자체'를 감시하는 **DLP**Data Loss Prevention라는 기술이 주목받고 있습니다. 예를 들면, 데이터 안에 포함되는 키워드를 조건으로 설정하고, 그 키워드가 포함된 파일이 복사됐을 때 경고하는 것입니다(그림 6-27). 또, 핑거프린트(지문)로 불리는 파일의 특징을 등록해 두고, 비슷한 파일이나 폴더가 조작됐는지 판정하는 방법도 있습니다.

그림 6-26 감사에 의해 정보 반출을 방지한다

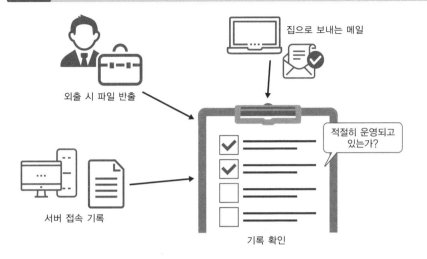

외출 시 파일 반출

집으로 보내는 메일

적절히 운영되고 있는가?

서버 접속 기록

기록 확인

그림 6-27 데이터를 감시하는 DLP

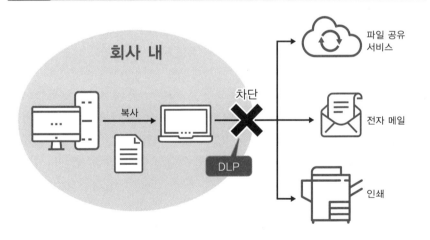

회사 내

복사

차단

DLP

파일 공유 서비스

전자 메일

인쇄

Point

✔ 정보자산이 제대로 관리되고 있는지 확인하기 위해 정기적으로 감사를 실시할 필요가 있다.

✔ 외부로 정보가 유출되는 것을 방지하기 위해 DLP 등의 감시 기술이 사용된다.

» 언제나 같은 결과를 얻는다

재현성과 멱등성

어떤 조작을 여러 번 반복해도 같은 결과를 얻을 수 있는 것을 재현성이 있다고 합니다. 실험 결과를 논문으로 발표한 경우, 다른 사람이 같은 조건에서 그 실험을 했을 때 같은 결과가 나오지 않으면 곤란합니다.

이 재현성과 비슷한 말로 **멱등성**idempotency이 있습니다. 멱등성은 수학적 용어로, 어떤 조작을 한 후 다시 같은 조작을 몇 번을 반복해도 동일한 결과를 얻을 수 있는 것을 말합니다.

멱등성이 요구되는 예

데이터베이스에 테이블을 생성하고 데이터를 삽입하는 처리를 구현해서 여러 사람에게 배포했다고 가정합시다(그림 6-28). 이 처리를 실행하면 누구나 동일한 데이터베이스를 생성할 수 있어야 하지만, 일부는 용량 부족으로 데이터 삽입 처리가 중간에 비정상적으로 종료될지도 모릅니다. 다른 파일을 삭제해 공간을 확보한 후 다시 실행하려고 해도, 이번에는 이미 테이블이 데이터베이스에 존재해서 생성할 수 없는 상황이 발생합니다(그림 6-29). 이렇게 되면 단순히 처리를 재실행하는 것만으로는 동일한 환경을 구축할 수 없게 됩니다. 이는 멱등성을 유지할 수 없는 상태입니다.

하지만, 테이블이 존재할 경우 삭제하는 명령을 넣어두면, 중간에 용량 부족 등이 발생해도 단순히 다시 실행하는 것만으로 동일한 환경을 재현할 수 있습니다. 당연히, 오류 없이 테이블을 생성할 수 있었던 사람이 같은 처리를 여러 번 실행해도 완전히 동일한 환경을 재현할 수 있습니다.

최근에는 데이터 분석 분야에서도 인프라 구축부터 머신러닝에 이르는 다양한 업무가 있으며, **재현성뿐만 아니라 멱등성을 유지하는 것이 요구됩니다.**

이를 위해 절차서를 준비하는 게 아니라 소스 코드로 절차를 기술하는 IaC Infrastructure as Code와 같은 방법 등이 주목받고 있습니다.

그림 6-28 테이블에 등록하는 예

SQL문

```
/* 테이블 생성 */
CREATE TABLE users (id INT, name VARCHAR(30));

/* 사용자 등록 */
INSERT INTO users (id, name) VALUES (1, '강감찬'),
                                    (2, '이순신'),
                                    (3, '장보고');
```

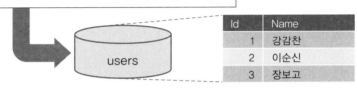

Id	Name
1	강감찬
2	이순신
3	장보고

users

그림 6-29 재실행한 경우에 대비한다

SQL문

```
/* 테이블 생성 */
CREATE TABLE users (id INT, name VARCHAR(30));    ◀ 정상종료

/* 사용자 등록 */
INSERT INTO users (id, name) VALUES (1, '강감찬'),  ◀ 정상종료
                                    (2, '이순신'),
                                    (3, '장보고');
```

⬇ 재실행

이상종료
(이미 테이블이 존재한다)

SQL문

```
/* 테이블 생성 */
CREATE TABLE users (id INT, name VARCHAR(30));    ◀
                                                  테이블이 존재하면 삭제하는
/* 사용자 등록 */                                   처리를 준비한다.
INSERT INTO users (id, name) VALUES (1, '강감찬'),  DROP TABLE IF EXISTS users;
                                    (2, '이순신'),
                                    (3, '장보고');
```

Point

✔ 같은 조작을 여러 번 반복해도 같은 결과를 얻을 수 있는 성질을 멱등성이라고
한다.

✔ 인프라 구축이나 머신러닝 등에서도 같은 결과를 재현할 수 있어야 한다.

인터넷에서 제공되는 서비스에 회원 등록을 할 때 개인정보 보호 정책을 꼼꼼하게 읽어보는 사람은 거의 없다고 합니다. 하지만 자신의 정보가 어떤 목적으로 사용되는지 파악해 두지 않으면, 이상한 용도로 사용되어도 불만을 제기할 수 없습니다.

그래서 먼저, 자신이 이용 중인 서비스나 회원 등록한 서비스의 개인정보 보호 정책으로 어떤 내용이 작성되어 있는지 비교해 봅시다.

예를 들어, 개인정보 보호 정책에 기재된 대표적인 항목으로 다음과 같은 표를 준비하고 각 항목을 채워서 비교해 보세요.

서비스명	예) 영진닷컴 iD		
수집하는 정보	• 이용자 식별에 관한 정보(이름, 생년월일, 주소 등) • 통신 서비스 상의 행동 이력 • 이용자 단말에 관해 생성 또는 축적된 정보(단말 정보, 로그 정보 등) 등		
이용목적	• 서비스에 관한 등록 접수 • 본 서비스를 제공, 유지, 보호 및 개선 • 개인을 식별할 수 없는 형식으로 가공한 통계 데이터 작성 등		
제3자제공	사전에 이용자 동의를 얻지 않고 제3자에게 제공하지 않는다 ※ 기업제공자료 다운로드 시나 개인정보보호법 기타 법령에 따라 공개가 인정되는 경우 등 일부 예외가 있습니다.		

용어 설명

* ' ➡ ' 뒤의 숫자는 관련된 본문의 절
* ※가 붙은 것은 본문에는 등장하지 않지만 관련된 용어

1차 데이터 ※

조사자가 직접 수집한 데이터를 말한다. 독자적인 정보이며, 원하는 항목을 수집할 수 있다. 다른 사람이 수집하여 공개한 데이터는 2차 데이터라고 한다.

A/B 테스트 ※

여러 디자인 등을 비교할 때, 실제 공개 시 전환율 등의 수치에서 결과가 좋은 것을 채용하는 방법.

AI (➡ 5-1)

Artificial Intelligence의 약자로, 인공지능을 말한다.

BI 툴 (➡ 2-12)

다양한 데이터를 넣어 가공이나 시뮬레이션 등을 할 수 있는 데이터 분석 도구. 경영자 등이 의사결정을 할 때 도움이 된다.

DBMS (➡ 1-8)

DataBase Management System의 약자로, 조직 등이 데이터를 효율적으로 관리하기 위해 사용된다. 대표적인 데이터베이스 관리 시스템으로는 Oracle이나 SQLServer, MySQL, PostgreSQL 등이 있다.

DMP ※

Data Management Platform의 약자로, 자사가 보유한 액세스 분석 데이터와 외부에서 제공받은 정보 등을 통합, 집중 관리하여 광고 배포를 최적화하는 플랫폼.

DSP ※

Demand Side Platform의 약자로, 인터넷에서 광고를 배포하는 쪽의 플랫폼. 더 저렴하게 게재할 수 있는 곳을 찾는다.

DWH (➡ 2-13)

Data Ware House의 약자로, 분석을 위해 정리한 데이터를 저장해 두는 장소이다.

ETL (➡ 2-14)

Extract(추출), Transform(변환, 가공), Load(적재)의 머리글자를 딴 단어로, 여러 정보원으로부터의 데이터를 변환해서 통합하기 위해 사용된다.

F 검정 (➡ 4-15)

귀무가설 하에서 검정통계량이 F 분포를 따른다고 가정하고 실시하는 검정 방법. 복수의 모집단에서 분산에 차이가 있는지 검정할 때 등에 사용된다.

GIS ※

Geographic Information System의 약자로, 컴퓨터상의 지도에 데이터를 시각화하는 시스템을 말한다. 지역별 수치 데이터를 색으로 표현하는 경우가 많다.

IoT (➡ 1-2)

사물 인터넷으로 Internet of Things의 약자. 가전제품이나 센서 등이 인터넷에 연결됨으로써 편리하게 사용할 수 있다.

KGI (➡ 1-21)

핵심 목표 지표로 Key Goal Indicator의 약자. 매출액이나 이익률 등 조직 전체의 지표로 사용된다.

KPI (➡ 1-21)

핵심 성과 지표로 Key Performance Indicator의 약자. 웹사이트의 페이지뷰나 전환율 등 수치로 측정한 목표로 사용된다.

KSF (➡ 1-21)

핵심 성공 요인으로 Key Success Factor의 약자. KGI를 달성하기 위한 조건이 되는 항목을 말한다.

k-평균법 (➡ 5-10)

데이터를 복수 그룹으로 나눌 때, 각각의 중심을 계산하고 그 중심에 가까운 데이터를 모은 후 다시 중심을 계산하는 것을 반복하여 클러스터링 하는 기법이다.

ML ※

Machine Learning의 약자로 머신러닝을 말한다. 기계학습이라고도 한다.

O2O ※

Online to Offline의 약자로, 온라인에서 정보를 발신해 오프라인에서의 소비 행동으로 연결하는 것.

PoC(➡ 1-19)

Proof of Concept의 약자로 개념 증명이라고 번역된다. 제품이나 서비스를 실제로 만들기 전에 조금 시험 삼아 만들어 보고 평판이나 반응을 확인하기 위해 실시된다.

POS ※

Point of Sales의 약자로, 슈퍼나 편의점 등에서 상품을 판매했을 때 그 정보를 기록해 매출이나 재고를 관리하는 기법.

Python(➡ 1-12)

AI나 통계 등에 대한 라이브러리가 풍부해 데이터 과학 분야에서 주목받고 있는 프로그래밍 언어.

p 값 (➡ 4-13)

귀무가설이 맞다는 전제에서 주어진 데이터로 계산된 검정통계량보다 극단 값이 관측될 확률.

R(➡ 1-12)

통계 분야에서 많이 사용되는 프로그래밍 언어.

ReLU 함수 ※

입력이 양의 값일 때는 입력과 같은 값을, 음의 값일 때는 0을 출력하는 활성화 함수 중 하나. 오차역전파법에서의 기울기 소실 문제를 줄일 수 있는 특징이 있다.

ROC 곡선 ※

머신러닝 등에서 예측 결과를 평가할 때, 위양성률과 진양성률을 그래프로 플롯했을 때 생기는 곡선을 말한다.

SQL ※

데이터베이스를 다루기 위한 프로그래밍 언어.

SSP ※

Supply Side Platform의 약자로 인터넷상에서 광고를 표시하는 웹사이트 등 매체측 플랫폼. 더 비싼 광고를 찾아 입찰한다.

t 검정 (➡ 4-14)

귀무가설 하에서 검정통계량이 t 분포에 따른다고 가정하고 실시하는 검정 방법. 모분산을 모르는 경우에 평균 검정을 할 때 등에 사용된다.

z 검정 (➡ 4-14)

귀무가설 하에서 검정통계량이 정규 분포를 따른다고 가정하고 실시하는 검정 방법. 모분산을 알고 있는 경우에 평균 검정을 할 때 등에 사용된다.

X² 검정 (➡ 4-15)

귀무가설 하에서 검정통계량이 카이제곱 분포를 따른다는 가정 하에 실시하는 검정 방법. 표본으로 모분산을 검정할 때 등에 사용된다.

가명화 (➡ 6-6)

다른 정보와 대조하지 않으면 특정 개인을 식별할 수 없도록 처리하는 작업.

가중 이동평균 (➡ 3-3)

이동평균을 계산할 때 최근 데이터와 오래된 데이터에 대한 가중치를 조정하여 최근 데이터를 중시하는 방법.

강화학습 (➡ 5-2)

정답이나 오답을 주는 것이 아니라, 컴퓨터가 시행착오를 거친 결과에 좋은 결과라면 보상을 줌으로써 그 보상을 최대화하도록 학습시키는 기법.

결정 트리 (➡ 5-12)

머신러닝의 모델을 트리 구조로 표현했을 때, 분기에 사용할 조건을 학습시키는 기법. 가능한 한 작은 크기의 트리 구조로 깔끔하게 분할할 수 있는 것을 만들어 낸다. 판단 트리, 의사 결정 트리, 디시전 트리라고도 한다.

결정계수 ※

회귀분석에서 주어진 데이터에 대해 구한 모형이 얼마나 잘 맞는지를 나타내는 값.

경사하강법 (➡ 5-6)

함수의 최소값을 구할 때, 그래프상의 점을 조금씩 값이 작아지는 방향으로 이동시키면서 탐색하는 방법.

과적합 (➡ 5-4)

훈련 데이터로 주어진 데이터에 특화된 모델이 만들어져 다른 검증 데이터에 대해서는 정답률이 낮아지는 상황.

구간 추정 (➡ 4-9)

모평균 등을 추정할 때 일정 범위 내에 모평균이 있다는 식으로 구간으로 추정하는 방법.

구조화 데이터 (➡ 1-5)

데이터의 항목이 정의되어 있고, 그 정의에 맞게 정형화된 데이터를 말한다. 컴퓨터로 처리하기 쉽다.

귀무가설 (➡ 4-11)

주어진 데이터에 편향이 있다는 의심을 가지고 있을 때, 그 의심을 부정하기 위해 준비하는 반대 주장.

균등분포 (➡ 4-6)

주사위를 흔들었을 때 나오는 눈의 확률처럼 모두 고르게 늘어선 분포를 말한다.

기각역 (➡ 4-12)

검정에서 검정통계량이 일정 범위에 들어갔을 때 귀무가설을 기각하는 범위.

기본 통계량 ※

평균, 중앙값과 같은 대표값 외에 분산, 표준편차, 최소값, 최대값 등 데이터의 특징을 나타내는 값을 말한다.

노이즈 (➡ 3-1)

원래 정보와는 무관한 오차나 여분의 데이터를 말한다. 통신에서 발생하는 잡음이나 영상의 불필요한 신호 등을 가리킨다.

다변량 분석 (➡ 3-17)

여러 변수들 사이의 관계를 분석하는 방법의 총칭. 주성분 분석, 다중회귀분석, 판별분석 등이 있다.

다중회귀분석 (➡ 3-12)

여러 변수를 이용해 다른 값을 예측하는 회귀분석 기법. 하나의 변수로 다른 값을 예측할 때는 단회귀분석이라고 한다.

대립가설 (➡ 4-11)

주어진 데이터에 편향이 있다는 등의 의심이 들 때, 그 주장을 검증하기 위한 가설.

대푯값 (➡ 2-6)

평균이나 중앙값, 최빈값처럼 주어진 데이터를 대표할 수 있는 값.

데이터 마이닝 (➡ 1-3)

인간이 알아차리지 못하는 것을 데이터를 분석하여 발견하기 위해 사용되는 기법.

데이터 시각화 (➡ 2-11)

데이터 나열을 보고 사람이 이해하는 데는 시간이 걸리기 때문에 데이터를 시각적으로 표현하는 작업이다.

데이터 클렌징 (➡ 3-10)

주어진 데이터에 존재하는 중복, 손상, 입력 오류 등 부정확한 데이터를 올바른 내용으로 수정하는 작업.

데이터 프레퍼레이션 (➡ 3-10)

데이터를 분석하기 전에 특이값이나 결손값 확인, 단위 통일, 정성적 변수를 정량적 변수로의 변환하는 등의 분석 준비 작업을 말한다.

도수분포표 (➡ 2-2)

주어진 데이터가 양적 변수인 경우, 그 데이터의 분포를 파악하기 위해 데이터를 몇 개의 구간으로 나누어 그 구간에 들어가는 데이터의 개수를 조사한 표.

드롭아웃 ※

신경망의 과적합을 막기 위해 무작위로 뉴런을 무시하는 기법. 파라미터를 줄이는 것으로 연결된다.

딥러닝 (➡ 5-7)

신경망의 계층을 깊게 하여 복잡한 구조를 표현하고 복잡한 문제를 풀 수 있도록 하는 기법. 심층학습이라고도 한다.

랜덤 샘플링 (➡ 4-2)

모집단에서 편향되지 않도록 표본을 추출하는 것. 컴퓨터에서는 난수 등을 사용해서 데이터를 추출한다.

로지스틱 회귀분석 (➡ 3-12)

회귀분석에서 예측결과를 0에서 1 범위의 값을 출력함으로써 확률로 생각할 수 있으며, 두 값 중 어느 쪽에 들어갈지 예측하기 위해 사용하는 기법.

메타 데이터 (➡ 1-8)

데이터에 대한 데이터를 말한다. 데이터를 분석하기 위해서는 그 데이터에 대한 정보가 필요하며, 그 정보를 기술하는 데이터를 가리킨다.

모델링 (➡ 1-11)

주어진 데이터로 모델을 만들고 그 데이터의 특징을 이해하는 것.

모집단 (➡ 4-2)

조사 대상 데이터 모든 것. 모집단의 평균을 모집단 평균, 분산을 모집단 분산이라고 한다.

목적 변수 ※

회귀분석 등에서 예측되는 변수를 말한다. 키로 체중을 예측할 경우 체중이 목적 변수에 해당한다.

몬테카를로법 (➡ 3-15)

난수를 사용하여 시뮬레이션하는 알고리즘. 확률값을 구하는 경우 등 시행 횟수를 늘리면 좋은 근사치를 얻을 수 있다.

무작위 (➡ 4-2)

작위적이지 않은 것. 우연에 맡겨서 사람의 의도를 넣지 않는 것을 말한다. 제비뽑기처럼 어느 것이 선택될지 모르게 하는 것.

문자인식 (➡ 2-17)

인쇄 자료 등에 쓰여 있는 문자를 이미지로 컴퓨터에 입력했을 때, 거기에 쓰여 있는 문자를 텍스트로 변환하는 것.

분산 (➡ 2-7)

주어진 데이터의 산포도를 조사하기 위해 평균에서 떨어져 있을수록 값이 커지도록 계산한 값. 편차 제곱의 평균으로 구할 수 있다.

분산 분석 ※

t 검정이 두 군의 평균값 차이를 검정할 때 사용되는 반면, 세 군 이상의 평균값 차이를 검정할 때 사용되는 기법.

불편추정량 (➡ 4-9)

추출한 표본 데이터에서 모집단의 특징을 추정하는 데 쓰이는 양. 불편분산이나 불편표준편차 등이 있다.

비구조화 데이터 (➡ 1-5)

일기 등의 문장이나 음성, 동영상 등 인간이 볼 때는 문제가 없지만 필요한 항목만 컴퓨터로 추출하기 어려운 데이터를 말한다.

비지도학습 (➡ 5-2)

정답이 되는 데이터가 없는 상태에서 주어진 데이터의 특징이나 공통점을 찾아 규칙을 만들어내는 머신러닝 기법.

비파라메트릭 ※

모집단의 분포를 가정하지 않고 통계적인 추측을 하는 기법. 가정하는 경우는 파라메트릭이라고 한다.

빅데이터 (➡ 1-6)

대량의 데이터를 가리킨다. 그 특징으로 방대한 데이터 크기(Volume), 빠른 속도(Velocity), 다양한 종류(Variety)를 들 수 있다. 이런 빅데이터의 공통적 특징을 3V라고도 한다.

산점도 (➡ 3-4)

주어진 데이터에 대해 세로축과 가로축으로 각각의 크기를 표현하여 해당 위치에 점을 그린 그림.

상관계수 (➡ 3-4)

산점도를 그릴 때, 그 관계를 수치로 표현하기 위해 표준화시킨 값.

상관관계 (➡ 3-5)

여러 개의 축으로 데이터를 포착했을 때, 한 축의 값이 변하면 다른 축의 값도 변하는 것과 같이 어떤 관계가 있는 것처럼 보이는 관계를 말한다.

상자 수염 그림 (➡ 2-5)

여러 축으로 데이터 분포를 표현할 수 있는 그림. 최소값, 최대값 범위에서 선을 그리고 제1사분위수와 제3사분위수 범위에서 상자를 그린다.

설명변수 ※

회귀분석 등에서 어떤 값을 예측하는 데 사용되는 변수를 말한다. 키에서 몸무게를 예측하는 경우, 키가 설명변수에 해당한다.

세그멘테이션 ※

마케팅 등에서 대상을 몇 가지로 분류하는 것을 말한다. 그 구분별 속성에 맞게 전략을 세우기 위해 사용된다.

세이버메트릭스 ※

Sabermetrics. 야구에서 선수의 성적 등을 수치 데이터로 분석하여 팀의 전략 등을 생각하는 기법.

수학적 최적화 (➡ 5-17)

주어진 제약 조건에서 좋은 결과를 얻을 수 있는 변수의 값을 구하는 방법으로, 현실 세계의 문제를 수식으로 파악해 최적해를 찾기 위해 사용된다.

수형도 (➡ 5-11)

모든 패턴을 나뭇가지가 뻗어나가듯 기술하여 시각적으로 표현하는 그림. 조합을 표현할 뿐만 아니라 계층적 클러스터링 등으로 그룹을 표현하는 데 사용된다. 덴드로그램이라고도 한다.

시그모이드 함수 ※

매끄러운 곡선으로 임의의 x좌표를 0에서 1의 범위로 변환할 수 있는 함수. 로지스틱 회귀분석이나 신경망의 활성화 함수로 많이 사용된다.

시뮬레이션 ※

실험하기 곤란할 때 이를 책상 위에서나 컴퓨터를 이용해 수학적으로 모델링하고 분석하여 현실의 결과를 가정하는 것.

신뢰구간 (➡ 4-9)

구간 추정에서 일정 범위 안에 들어갔음을 추정하기 위한 구간을 의미하며, 95% 신뢰구간이나 99% 신뢰구간이 자주 사용된다.

실험 계획법 ※

직교표, 분산분석 등을 이용하여 합리적으로 실험을 진행함으로써 실험에 필요한 횟수를 최소화하는 기법.

압축 ※

컴퓨터에서 다루는 데이터의 내용을 바꾸지 않고 용량을 줄이기 위해 사용되는 기술로, 반대로 되돌리는 것을 전개나 해제라고 한다.

양적변수 (➡ 2-1)

간격척도나 비례척도를 말한다. 간격척도는 간격에 의미가 있는 척도이고 비례척도는 수치비에 의미가 있는 척도이다.

오토 인코더 ※

신경망에서 입력과 같은 값을 출력하도록 구성함으로써 차원 축소나 특징 추출에 사용되는 기법.

완건성 (➡ 2-6)

편향된 값이 추가되더라도 그 영향을 거의 받지 않는 것.

워드법 (➡ 5-11)

계층형 클러스터링에서 클러스터를 결합할 때 분산을 사용해 계산하는 기법.

웰치 검정 ※

t 검정과 마찬가지로 평균값의 검정을 할 때 사용되지만, 모분산이 같지 않은 경우에도 사용할 수 있다.

유사난수 (➡ 3-15)

컴퓨터에서 특수한 계산을 통해 무작위적인 값을 발생시켜 얻은 난수.

유의수준 (➡ 4-12)

검정에서 기각역을 설정하는 기준을 말한다. 1%나 5% 값이 사용된다. 위험률이라고도 불린다.

음성인식 ※

인간이 말하는 음성을 컴퓨터가 인식하여 문자 데이터로 변환하거나 문장으로 이해시키는 것.

응답 분석 ※

Correspondence analysis, 대응분석이라고 한다. 교차 집계된 결과를 산점도처럼 평면으로 표현하고, 그 분포를 통해 관계를 조망하여 파악할 수 있는 분석 기법.

이동평균 (➡ 3-3)

과거 데이터에 대해 기간을 달리하면서 평균을 구해 경향을 조사하는 기법.

이미지 인식 ※

사진 등의 이미지를 컴퓨터에 불러들였을 때, 그 이미지에 담긴 사물이나 도형을 인식하게 하는 것.

이항분포 (➡ 4-6)

성공이냐 실패냐 하는 식으로 두 가지 값이 되는 시행을 반복했을 때 얻을 수 있는 성공 횟수의 분포를 말한다.

익명화 (➡ 6-6)

특정 개인을 식별할 수 없도록 개인정보를 가공해서 원본 정보를 복원할 수 없도록 하는 작업.

인공지능 (➡ 5-1)

인간처럼 똑똑하게 행동하는 컴퓨터를 말한다.

인과관계 (➡ 3-5)

주어진 데이터에서 여러 축으로 그 관계를 확인했을 때, 그 축이 원인과 결과의 관계로 되어 있는 것을 말한다.

자연어 처리 ※

한국어, 영어 등 우리가 사용하는 단어와 문장을 AI로 분석하여 그 의미를 분석, 해석하는 기술.

자유도 (➡ 4-10)

자유롭게 값을 취할 수 있는 개수. 예를 들어, n개의 데이터의 표본 평균을 구할 때, 만약 합계를 알고 있다면 $n-1$개를 조사하면 나머지 하나는 자동으로 결정되므로 자유롭게 값을 구할 수 있는 개수는 $n-1$개이다.

전이학습 ※

한 분야의 데이터 등으로 학습시킨 모델을 사용하여 다른 분야에도 이를 전환하여 학습에 필요한 데이터와 시간을 절감하는 기법.

전처리 (➡ 3-10)

데이터를 분석하기 전에 그 데이터를 분석하기 쉽도록 변환하는 작업을 말한다.

점 추정 (➡ 4-9)

추출한 표본에서 모집단을 추정할 때, 구한 표본의 평균을 모집단의 평균으로 간주해 하나의 값으로 추정하는 것.

정규분포 (➡ 4-6)

평균에 가까운 곳에 많은 데이터가 집중되고, 평균에서 멀어질수록 데이터가 줄어드는 분포로, 매끄러운 곡선으로 그려진다.

정규화 (➡ 5-9)

손실함수의 계수가 너무 커지는 것을 방지하여 과적합을 방지하는 기법.

정보자산 ※

기업 등 조직이 저장하고 있는 데이터나 자료, 정보기기 등 가치가 있는 정보를 말한다. 보호해야 할 대상이다.

조인트 분석 (➡ 3-6)

직교표를 사용하여 여러 선택지를 선택할 때 조합에 대해 평가하고, 전체적으로 평가하여 개별 선택지에 대한 영향 정도를 산출하는 기법.

주성분 분석 (➡ 3-7)

여러 차원의 데이터가 주어졌을 때, 이를 적은 차원으로 표현하기 위해 분산이 최대가 되는 축을 조사하는 기법.

중심극한정리 (➡ 4-7)

표본 추출 작업을 반복하면 그 표본 평균의 분포가 모집단의 분포와 상관없이 근사적으로 정규분포에 가까워진다.

중앙값 (➡ 2-6)

주어진 데이터 중에서 어떤 값보다 작은 데이터의 개수와 큰 데이터의 개수가 같게 되는 중간값. 메디언이라고도 한다.

지도학습 (➡ 5-2)

정답이 되는 데이터를 주고, 그 내용에 가까운 결과를 얻을 수 있도록 규칙을 학습시키는 머신러닝 기법.

질적 변수 (➡ 2-1)

명목척도나 순서척도를 말한다. 명목척도는 순서에 의미가 없어 어떤 값을 부여해도 문제가 없는 데이터. 순서 척도는 할당하는 값의 크고 작음이 중요한 데이터. 범주형 데이터라고도 한다.

챗봇

채팅과 로봇을 결합한 기술로, 사람이 입력한 단어에 대해 자동으로 문장을 생성해서 응답하는 프로그램.

최대우도 추정 ※

주어진 데이터에서 가장 가능성이 높다고 생각되는 값을 점으로 추정하는 기법.

최빈값 (➡ 2-6)

주어진 데이터 중에서 가장 많이(자주) 나타나는 값. 모드라고도 한다.

코사인 유사도 (➡ 3-9)

두 벡터의 방향을 계산으로 구해 두 벡터의 유사도를 계산하여 유사성을 판단하는 데 사용된다.

크로스 집계 (➡ 3-6)

주어진 데이터를 서로 다른 복수의 축으로 집계하는 것.

큰 수의 법칙 (➡ 4-7)

표본을 많이 추출하면 표본 평균이 모평균에 가까워진다는 법칙.

클러스터링 (➡ 5-10)

주어진 데이터에서 비슷한 것을 모아 몇 개의 그룹으로 나누는 기법.

텍스트 마이닝 ※
대량의 문장 데이터에서 자연어 처리와 같은 방법으로 단어의 출현 빈도 등을 분석하는 기법.

특이값 (➡ 2-9)
주어진 데이터 중 다른 데이터에서 크게 값이 떨어져 있는 데이터. 분석에 나쁜 영향을 줄 수 있기 때문에 원인을 살펴볼 필요가 있다.

파라메트릭 ※
모집단의 분포를 가정하여 통계적인 추측을 하는 기법. 가정하지 않는 경우는 비파라메트릭이라고 한다.

판별분석 (➡ 3-13)
주어진 데이터를 여러 그룹으로 나누어 새로운 데이터가 어느 그룹으로 분류될지 예측하는 기법.

퍼센타일 ※
백분위수. 데이터를 작은 것에서 큰 것으로 정렬하고, 어떤 데이터가 어느 위치에 있는지를 나타내는 단위.

퍼셉트론 ※
신경망의 기본이 되는 기법. 복수의 입력으로부터 하나의 출력을 계산을 통해 구한다.

편차값 (➡ 2-8)
주어진 데이터를 평균이 50, 표준편차가 10이 되도록 변환한 값. 학교 시험 등에서 성적을 평가하는 데 쓰인다.

평균 (➡ 2-6)
주어진 데이터의 합계를 데이터 개수로 나눈 값.

표본 (➡ 4-2)
조사 대상에서 꺼낸 일부 데이터를 말한다. 조사 대상의 분포 등을 추정하기 위해 사용한다.

표준편차 (➡ 2-7)
분산의 제곱근을 계산한 값. 주어진 데이터의 흩어진 정도를 나타낸다.

표준화 (➡ 2-8)
주어진 데이터의 평균이 0, 분산이 1이 되도록 변환하는 것. 각각의 데이터에서 평균을 빼고 표준편차로 나누어 구할 수 있다.

푸아송 분포 ※
랜덤으로 발생하는 현상이 일어날 확률을 나타내는 분포. 예를 들어 계산대에 줄서기, 교통사고 발생 등이 어느 정도의 확률로 일어나는지 알아보기 위해 사용된다.

핀테크 (➡ 1-18)
금융과 기술을 결합해서 만들어진 편리한 서비스. 전자결제와 송금, 투자, 가상화폐 등 폭넓은 분야에서 주목받고 있다.

허위상관 (➡ 3-5)
상관관계가 있는 것처럼 보이지만 실제로는 다른 이유가 배경에 있기 때문에 그렇게 보이는 관계.

활성화 함수 ※
신경망 등에서 입력에 대해 어떤 계산을 함으로써 복잡한 변환이 가능한 함수. 시그모이드 함수나 ReLU 함수 등이 사용된다.

회귀분석 (➡ 3-11)
여러 변수 간의 관계를 조사할 때, 한 변수로부터 다른 변수의 경향을 예측하는 계산식을 구하는 기법.

히스토그램(➡ 2-2)
도수분포표를 바탕으로 그래프처럼 표현한 것으로, 가로축에 계급, 세로축에 도수를 취하고 계급을 작은 쪽부터 차례로 나란히 표현한다.

YoungJin.com Y.
영진닷컴

그림으로 배우는
데이터 사이언스

1판 1쇄 발행 2024년 6월 10일

저　　자　마스이 토시카츠
역　　자　김성훈
발 행 인　김길수
발 행 처　(주)영진닷컴
주　　소　서울특별시 금천구 가산디지털1로 128 STX-V 타워 4층
　　　　　401호 영진닷컴 기획1팀
등　　록　2007. 4. 27. 제16-4189호

ISBN 978-89-314-7700-9

http://www.youngjin.com